La Venta Social
30 (y medio) secretos para vender y tener éxito en el siglo XXI

La Venta Social
30 (y medio) Secretos para generar una vida de prosperidad a través de las ventas y lograr lealtad en los clientes y amigos

Por Francisco Cáceres Senn

Corregido y editado por Mónica Jiménez Aguilar

Editorial Neuromanagement

Mi hijo de tres años se acercó a mi mientras terminaba un trabajo para un cliente. "Papá", me dijo, "necesito pilas para mi coche". "A ver, déjame ver qué pilas usa... Ya, son doble A. No, de esas no hay. Lo siento cariño". Me miró impasible y dijo "Sí hay". Con paciencia de santo y ya sin mirarle y volviendo a mi trabajo, le contesté "No, no hay, ya te dije".

Le dio lo mismo. Ahora a gritos me interrumpió de nuevo: "SÍ HAY". Dejé lo que estaba haciendo y le dije de la forma más amable del mundo "No amor, ya te dije que no hay y aunque grites no van a aparecer por arte de magia".

Le dio igual. "SÍ HAY", gritó de nuevo.

Me levanté y fui a comprarlas a la tienda.

Título original: La Venta Social

Copyright © 2019 por Neuromanagement

Todos los derechos reservados. Prohibida la reproducción parcial o total de este libro o de cualquiera de sus partes sin la expresa autorización escrita del autor o la compañía editorial. Solo está permitida la reproducción de breves partes, citando siempre la autoría, como parte de la revisión del libro o de un trabajo escolar o de investigación.

Primera impresión: <2015>

ISBN 9781796667509

Editorial Neuromanagement
C/Fernando el Santo 24
Madrid, España, 28010

www.franciscocaceressenn.com

www.neuromanagement.net

Dedicatoria

A una extraordinaria mujer quien, admirablemente, tomó la decisión de convertirse en mi esposa. A mi amada Mónica, la más importante venta de mi vida.

Sin tu fe ciega en mi jamás hubiera completado niguno de mis sueños.

Para todas aquellas mujeres que, sin saber por qué, creen firmemente en sus parejas y las impulsan a ser mejores y a alcanzar su pleno potencial.

Y también a mis leales hijos, Alex y Andrés, quienes, sin saberlo, me han animado siempre a encontrar mejores formas de vender al demostrarme que las técnicas de influencia que usaba con ellos no funcionaban como yo quería.

Prólogo

En una época dónde las compras y las ventas se han globalizado se hace necesario contar con esquemas y estrategias novedosas, que permitan ser más competitivo y sobre todo llevar a nuestra empresa o a nosotros mismos al éxito.

De una manera amena y sencilla, con ejemplos claros y cotidianos, Francisco Cáceres Senn nos muestra cómo podemos aprender de la experiencia de otras personas y empresas y a despertar nuestra creatividad.

Cada uno de los 30 (y medio) conceptos tienen origen en la vida cotidiana del vendedor. Francisco toma de su experiencia profesional la pauta para dar solución o un enfoque diferente a cada una de las situaciones que presenta.

La singularidad de las soluciones que plantea, hace que el lector lo ubique en su ámbito laboral y personal, dando paso a una reflexión por cuestionamientos que se debe hacer a sí mismo. Luego, a manera de metáfora, nos da ejemplos de su vasta experiencia, para que finalmente aborde una solución práctica y deje a la imaginación un sin número más de respuestas posibles.

La amenidad de su relato es por demás interesante, su estilo es fácil, suelto y alegre, y no sin dejar a veces unos cuantos dolores de cabeza por verse reflejado en los mismos ejemplos planteados.

Es una gran recomendación que se lea pausadamente, hacer notas y llevar cada punto a la práctica, para luego en el avance de la lectura ir reforzando los principios propuestos por Francisco.

Las soluciones y planteamientos venidos de la experiencia, de tantas horas de asesoría y con una amplia lista de grandes ejecutivos, son resultado de poner la solución en el área de trabajo, en el campo de acción, dando elementos para analizar, retroalimentar, y en algunos casos corregir lo sugerido.

Hay ocasiones que la misma ceguera de taller nos impide ver lo que tenemos enfrente, al venir a plantearnos con ojos frescos lo que es obvio que no vemos, al darnos alternativas encontramos nuestras propias soluciones, adaptándolas con imaginación y creatividad a nuestro propio entorno.

En un mundo tan acelerado, tan vertiginoso, es un regalo que nos den alternativas seguras que nos ahorran tiempo, dinero y esfuerzo.

Somos afortunados en coincidir con este gran consultor-asesor, al darnos toda su experiencia y conocimiento acumulados durante tantos años. Gracias por compartirlos, por permitirnos entrar a un mundo más alegre, accesible, y aunque cambiante, nos da la oportunidad de poner nuestro talento a trabajar, a hacerlo productivo, a poder alcanzar parámetros de excelencia, y al llegar a soluciones prácticas en nuestro ámbito laboral, poder hacer de nuestra propia empresa un ente que puede llegar a ser de las de clase mundial.

Bienvenido lector al mundo de las ventas, al mundo de la creatividad, de las posibilidades infinitas y gracias a Francisco por esta magnífica oportunidad.

Caminemos juntos en esta apasionante aventura.

Mayo de 2018.

Lic. Y M.A.D. Gilberto Guzmán Otero

Director General

Colegio de Líderes | Fundación Miguel Ángel Cornejo

A quién está dirigido este libro

Este libro está escrito para todos aquellos que se dedican a vender algo o que, aun no trabajando directamente en un departamento comercial como "vendedores", ya se han dado cuenta de que, lo que más ansían los seres humanos en la vida es influir en los demás.

También está escrito para todos aquellos que desean expresar su pleno potencial como seres humanos, ya sea con una mejor situación financiera personal, con más amigos o con una bonita familia. Pero que, de ninguna forma, se conforman con lo que hacen, son o tienen.

Está escrito, además, para todos aquellos que tienen un producto que es muy difícl de vender, casi imposible. Pero que si lo logran, les espera una vida extraordinaria.

Contenido

Dedicatoria ix

Prólogo xi

A quién está dirigido este libro xv

Contenido xvii

Reconocimientos xx

Prefacio xxiii

INTRODUCCIÓN 1

SECRETO Nº 1, No vendas 13

SECRETO Nº 2: Ser Diferente 15

SECRETO Nº3: Ahorra Dinero en Folletos 21

SECRETO Nº4: El Cliente No Quiere Escuchar Basura Acerca de Ti 25

SECRETO N.5 Tampoco le importas tú. Vive con ello. 27

SECRETO Nº6: Sé honesto siempre 33

SECRETO Nº7: Aprende a presentar de forma irresistible, con las 6 LUI. 37

SECRETO Nº8: Aprende a hacer preguntas. 43

SECRETO Nº9: Cosecha los frutos de tu huerta primero 53

SECRETO N.10: Sé un maestro en el teléfono. 57

SECRETO Nº11: Atrévete a ser creativo. 63

SECRETO Nº12: Sé tú el cambio que quieres ver en el mundo. 69

SECRETO Nº13: Agrega valor primero, antes de pedir dinero .. 75

SECRETO Nº14: No asocies sentimientos con resultados. 83

SECRETO Nº15: Consigue solo negociaciones ganar-ganar. ...89

SECRETO Nº16: Las Redes Sociales y la Venta Social 91

SECRETO Nº17: Nunca te rindas demasiado pronto. 95

SECRETO Nº18: Quién es el mejor vendedor de tu equipo. 99

SECRETO Nº19: Saluda a tus clientes como saludas a tu mascota. 103

SECRETO Nº20: Trátalo como si trataras a una celebridad..... 105

SECRETO Nº21: Habla con los clientes como si fueran tu abuela. 107

SECRETO Nº22: Nunca cuesta tanto resolver un problema como no resolverlo. 109

SECRETO Nº23: Concéntrate en lealtad y la satisfacción se dará por descontado. 113

SECRETO Nº24: Cambia todo de ordinario a memorable......... 119

SECRETO Nº25: Prepárate continuamente. 125

SECRETO Nº26: Dale entrada a la magia en tu vida. 131

SECRETO Nº27: Aprende comunicación asertiva...................... 139

SECRETO N. 28 Crea los caminos para que las riquezas vengan. 151

SECRETO Nº29 No vendas la piel del oso antes de cazarlo 159

SECRETO Nº30: Planear las ventas no es suficiente. 163

SECRETO 30 (y medio): Aprende a rendirte con elegancia.... 165

La venta más difícil del mundo 167

Conclusión 173

Biografía de Francisco Cáceres Senn 177

Reconocimientos

Un enorme agradecimiento a Mónica Jiménez y a Sealtiel Vera, quienes con su fe y apoyo constante hicieron posible, no solamente este libro, sino la mayoría de mis obras.

También debo agradecer a muchos maestros, que no saben tal vez que lo fueron, tales como Wayne Dyer, Jim Rohn, Tony Robins, Jeffrey Gitomer, Zig Ziglar y Eckhar Tolle.

Otros maestros que sí tuvieron la oportunidad de saber que lo fueron y que también contribuyeron con su sabiduría y su mentoría fueron Miguel Ángel Cornejo y Carlos Orozco Felgueres, ambos dando clase en otro mundo al momento de escribir estas líneas. Gracias Miguel Ángel y Carlos, sin vosotros y vuestros atinados consejos, mi vida profesional probablemente hubiera sido otra.

Inmensas gracias a mis amigos y maestros de todo lo que aprendí de consultoría: Larry Cook y Bill Bishop, los mejores jefes que pude haber tenido jamás; a Carlos Campos y a Ricardo Heredia, quienes con sus duras lecciones contribuyeron a enseñarme a abrirme paso en las ventas en cualquier circunstancia.

Gracias También a mis amigos y clientes, como César y su infinita paciencia, Armando y su gran capacidad de aprendizaje o a Jenny y su enorme perseverancia, a Alejandro Von Mohr y su enorme consistencia y a saber pensar en grande como nadie. Por último, gracias a todos aquellos que no olvido pero que son demasiados para nombrarlos aquí, y que han estado conmigo de una forma u otra en estos últimos 30 años.

Prefacio

Lo sé. Hay muchos libros de ventas. También lo sé, hay muchos libros acerca del éxito. Desde luego no los he leído todos, pero tengo la certeza de que este libro es diferente.

Sí, tengo la certeza y además, estoy convencido de que ESTE ES EL LIBRO DE VENTAS Y ÉXITO MÁS IMPORTANTE QUE PUEDAS LLEGAR A LEER EN TU VIDA.

Sé que te resultará atrevido lo que acabo de escribir. Pero mira, mi vida ha sido y es una aventura maravillosa y llena de retos, ante los cuales, debo reconocer, he experimentado cosas atrevidas, temerarias, inseguras y arriesgadas en muchas ocasiones. Toda mi experiencia, misma que en algunos casos comparto y en otros no puedo por seguridad propia, me ha dado innumerables aprendizajes y esos sí los puedo compartir sin riesgo alguno.

Otra razón por la que creo que este puede ser el libro más importante que leas es por una frase que escuché en alguna ocasión y que dejó profunda huella en mí. La frase es "Cada persona es un mundo".

Hoy estamos viviendo un cambio de paradigma social sin precedentes en la historia de la humanidad. Estamos pasando de la competencia feroz que se desprende de todos vivir en el mismo mundo, a una experiencia de vida en la que en el mundo de cada quién, en un Universo de mundos paralelos, mundos alternativos, existe la posibilidad individual de lograr la gloria. Esta fue mi revelación.

Sin saber nada de física teórica, me di cuenta de que los mundos paralelos sí existen, y aunque no espero me den un Nobel por este descubrimiento, para hacer de tu mundo el mejor posible y vivir a plenitud de nuestro potencial es que he escrito este libro que, si bien no te otorga ningún poder extra que ya no tengas desde antes de leerlo, te permitirá, tal vez, usar ese poder para construir tu paraíso sin salir de aquí.

Probablemente te diré cosas que has escuchado ya una y otra vez, sobre todo si estás en el mundo de las ventas, pero a lo mejor no las has aplicado todavía o, si lo has hecho ya, tal vez te muestre formas más eficaces y eficientes de hacerlo.

Pero con seguridad, sé que también te diré cosas nuevas o que te parecerán nuevas, secretos no tan secretos, y trucos no tan mágicos pero que dan resultados. Claro que, para saberlo, tendrás que aplicar lo que leas. Como expreso consistentemente en mis seminarios en vivo, hay que probar antes de aprobar.

Lo anterior va por el contenido, y lo que sigue por la forma. En eso creo que el libro es nuevo. Tengo 30 años hablando, dando conferencias o seminarios. Tengo una inteligencia Verbal y Lingüística superior a la media, por lo que hablar se me da bien, aparentemente.

Si crees que te estoy presumiendo innecesariamente ya estamos identificando un problema de auto imagen que te podría dificultar para vender. Hablar bien de ti en el proceso de venta puede y debe ser hecho con elegancia, sin presunción, pero debe estar presente en el proceso.

Dicho lo anterior, procedo a explicar por qué el estilo o forma de este libro puede ser diferente: porque te lo estaré contando con mi estilo personal de forma que no sentirás que lo estás leyendo. Y si identificas párrafos que parece que no siguen el estilo es porque tratan de parecer una conversación. Acéptalos porque están diseñados para facilitarte la retención y que sigas leyendo interesado.

En mi experiencia como expositor o formador, he detectado que las personas experimentan muchos problemas de comprensión y retención al leer cualquier texto. "Después de leer un párrafo me doy cuenta de que no me he enterado de nada y tengo que volver a empezar, lo cual hago varias veces", son comentarios que me han expresado una y otra vez. Sin embargo, estas personas pueden estar escuchándome por horas sin aburrimiento.

Así que sólo te pido que me permitas contarte unas cuantas historias que harán de tu vida un proceso más placentero, al permitirte alcanzar tus metas con mayor elegancia y sencillez.

Francisco Cáceres Senn

INTRODUCCIÓN

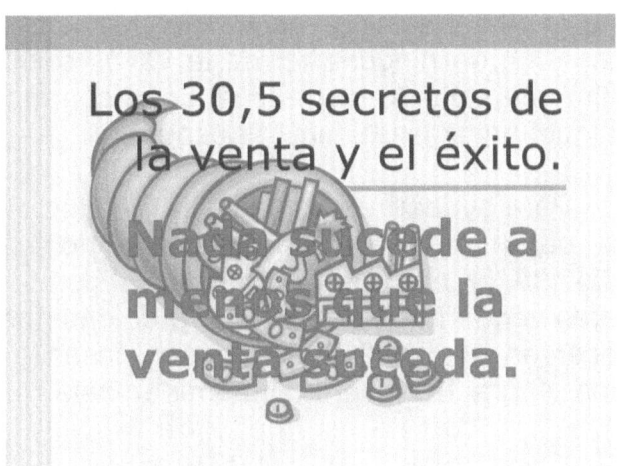

Origen.

Tengo 30 años de consultor. Además de dedicarme a vender, también paso mucho de mi tiempo enseñando a vender.

En todos los cursos de ventas que he impartido (tiempos compartidos, suturas, alimentos, ropa, inversiones, coches, etc.), me encuentro con personas que consideran que su producto o servicio es el más difícil de vender, pero no se han dado cuenta de que no han logrado la venta del producto más difícil de vender del mundo.

Espero que a lo largo de este libro descubras como vender este producto, **el más difícil del mundo**, que si no sabes cuál es, lo comparto en el último capítulo, aunque espero lo descubras mucho antes. (NO, de ninguna forma te vayas directamente al último capítulo; lo leerás cuando te corresponda, ni un minuto antes ni un minuto después).

Para ayudarte a vender ese "producto", el más difícil del mundo, he ido descubriendo **La Venta Social**, **30 (y medio) Secretos** que comparten los mejores vendedores del mundo, a quienes he podido conocer en estos 30 años de dar clases e impartir cursos. Ahora, los quiero compartir en este libro.

Y otra cosa.

Todos somos vendedores. Si todavía no te has dado cuenta es probable que las cosas no te salgan como tú desearías en cualquier aspecto de tu vida.

Cuando conocemos a alguien que, decimos, "le va bien", es frecuente preguntarle algo así como "Y, ¿cuál es tu secreto?". Usamos la palabra secreto porque es algo desconocido, en principio, para nosotros, por lo tanto, es un secreto. Lo normal es observar a la persona encuestada quedarse pensando, es decir, inventando qué contestar, porque, lo más común, es que no lo sepa.

Luego de breves instantes, se nos quedará mirando y comentará algo como "No hay más secreto que el trabajo arduo. He trabajado durísimo por todo lo que tengo, he logrado, he conseguido, etc. Esto o alguna que otra respuesta incomprensible. El asunto es que nos sorprendamos a nosotros mismos diciendo o pensando "Eso no es un secreto. De hecho, yo trabajo durísimo y no me va tan bien ni de lejos. Éste, o no me lo quiere decir o es que ha tenido mucha suerte".

Pues bien, en mis investigaciones he encontrado que los mejores vendedores del mundo en el siglo XXI venden en base a la relación y socialización, ya sea a través del contacto personal, las redes sociales o el boca a boca. Y esto sin dejar a la suerte de lado, que también cuenta, porque cuanto más te prepares más tendrás. Pero antes de meternos en materia, me presento.

Hola, mi nombre es Francisco Cáceres Senn y quiero darte la bienvenida al libro los 30 (y medio) secretos de la venta, y el éxito.

No me encanta hablar del pasado, sin embargo, quisiera decirte cómo llegué a escribir este libro. Mi primer trabajo fue en una empresa de consultoría multinacional, Alexander Proudfoot, en la que aprendí todo lo que sé sobre consultoría y cómo administrar y eficientar cualquier empresa. De nuevo sin presumir, a los cuatro años ya era un Analista Senior, todo un logro para un chaval de 26 años. De hecho, era el más joven del mundo, dentro de la empresa, por supuesto.

Ser el más joven no me impidió recibir por dos años consecutivos el premio al Analista con más "New Sales Go Ahead", en castellano, el que más firmas de contrato había conseguido con clientes nuevos. Los clientes nuevos eran los más difíciles, los más rentables y los más desafiantes, aunque yo nunca me sentí como un vendedor sino como un técnico u hombre de negocios experto en eficiencia.

Con el paso de los años decidí que ya era tiempo de poner mi propia empresa de consultoría y es ahí cuando me convertí en vendedor, porque tenía que vender, repentinamente, para comer. Entonces me di cuenta de que poner una empresa propia era la forma más rápida de llegar a Director General, pero también la más directa para empezar a pasar hambre.

Mira, yo pensaba que sabía vender, pero no había entendido que no era lo mismo vender dentro de una gran empresa que venderte a ti mismo. Recibía un no tras otro y, aunque hoy en día entiendo perfectamente las respuestas negativas ante mis propuestas, en ese momento me parecía que todos los clientes que visitaba eran idiotas, por decir lo menos.

A pesar de quebrar cuatro empresas, sobreviví. Un tiempo después, en la segunda empresa, un conocido de mi antiguo contratante, Proudfoot, fue despedido de la misma y decidió llevarse consigo a unos cuantos clientes que había estado trabajando bajo el otro paraguas. Igual que en la primera aventura empresarial, empezamos con clientes de la vieja empresa que nos contrataba.

Hasta ese momento se puede decir que no había vendido nada nuevo. No me había vendido a mí mismo, no había vendido a mi empresa. Lo que había vendido era la antigua fórmula de "lo mismo, pero más barato", en relación a la empresa en la que inicialmente se había hecho el contacto. Claro, desde Proudfoot se ofrecía el producto a mucho mayor coste y el que se iba a encargar de realizar el trabajo era la misma persona. Te digo, la fórmula clásica.

Y es que así vende cualquiera. No que no haya que hacer ninguna labor, pero nada meritoria.

El punto es que tuve que aprender a vender. A vender a la empresa y a venderme a mí mismo. Y ya después me puse a enseñar a vender a otros. La experiencia personal y las tremendas frustraciones que genera ser cliente de cualquier cosa hoy en día me hicieron pensar en cómo hacer que los clientes se vayan más que satisfechos, se conviertan en clientes leales para siempre.

Verás, me resultan patéticos los esfuerzos de personas no mal intencionadas, desde luego, pero incapaces o ineptas. Pensando únicamente en su beneficio personal mientras rezan el mantra de que todo lo hacen por el cliente. Me dan ganas de vomitar.

O de empresas que dicen preocuparse por el cliente y demuestran justo lo opuesto.

En mis andares por la consultoría conocí desde la venta de tiempos compartidos, hasta la venta en supermercados. Desde los vendedores de alta gama hasta los de chicles, o seguros, o de coches o de pisos, etc. Y en todas encontré poca gente genuina y mucha gente inepta, encontré pocos vendedores y muchos manipuladores.

Y más que eso, no solo los conocí, los sufrí como cualquier otro paisano al acercarme a comprar muchos de los servicios y productos que necesitamos, o creemos que necesitamos, para vivir.

Así que este es un programa de entrenamiento, de formación, útil si queremos generar lealtad en nuestros clientes y amigos y de más personas con las que tratamos, es decir, la base del éxito.

El método y el contenido.

Este libro fue escrito para que nos permita establecer una diferencia en nuestra forma en que procesamos le venta social.

Con frecuencia, y no nada más los vendedores, todas las personas en general pensamos en aquella cosa, en aquella técnica especial, que nadie más que nosotros posee y que nos va a permitir aventajar a la competencia y elevar brutalmente nuestras ventas.

Estamos esperando conseguir la píldora mágica, la pastilla secreta que nos va a permitir, sin esfuerzo, sin dietas, sin luchas, sin ningún sacrificio, bajar esos kilos de más. ¡Ajá! ¡Ojalá fuera tan fácil!, ni las ventas, ni la vida en general, se comportan así. El gran secreto sigue y seguirá siendo el trabajo arduo y la actitud positiva. Sin embargo, a veces, se nos olvidan ciertas cosas, ciertos aspectos de sentido común que realmente pueden hacer la diferencia y elevar nuestro desempeño.

Antes de meternos de lleno al libro, quiero hacer énfasis en dos conceptos particulares: El primero de ellos es que cuanto más aprendamos como la gente procesa la información, cómo funcionamos y cómo sentimos los seres humanos, mucho mejor sabremos utilizar los procesos internos de las personas para poder influir y persuadirlos a que se desarrolle entre ambos una relación que permita que el negocio se dé. Es decir, el mayor conocimiento que debemos tener es acerca de cómo los seres humanos procesamos la información y cómo podemos influir en sus decisiones.

Una de las habilidades que vamos a aprender a lo largo del libro es que los seres humanos no podemos decidir si no entendemos cuál es la diferencia entre dos cosas y, hasta que entendamos esa diferencia, no decidiremos; y si nos fuerzan a decidir, entonces encontraremos una diferencia forzada, que no necesariamente es la que yo, como vendedor, quiero que encuentren.

Y el aspecto número dos es el uso del Poder Personal. Existen dos tipos de poder en cuanto a seres humanos concierne. **El poder posicional**, que es aquel en el que la actuación de una persona se ve determinada o se ve condicionada a que sucedan ciertas cosas externas a él. Por ejemplo: yo tengo determinado poder en un puesto y fuera de ese puesto ya no lo tengo, o, si estoy en ventas, utilizar el poder posicional para vender en función de los descuentos o en función de un producto que es monopólico; eso es poder posicional.

El segundo tipo de poder es el **Poder Personal**, que es el que está basado en el crecimiento de la persona y en el desarrollo de sus habilidades. Es interior y no depende de ningún condicionante externo y se define como "la habilidad de actuar".

Su aplicación en ventas se da cuando establecemos una relación y una negociación con un cliente, basado en nuestra capacidad de actuar, independientemente si tenemos o no el mejor precio, y eso es lo que yo pretendo que desarrollemos, porque cuando tenemos poder personal, es entonces cuando podemos desarrollar conductas de excelencia, independientemente de cualquiera que sea el cliente con el que nos encontremos en una situación determinada.

En el siglo XXI, en pleno dominio de la Venta Social, el poder personal es imprescindible,; más que eso, fundamental.

Me gustaría para empezar, que me contestases la siguiente pregunta. ¿Quién es la persona más importante del mundo? Imagínate que estás con tu mejor cliente, con el cliente que más te compra: ¿Quién es más importante él o tú?

Cada vez que hago esta pregunta en un seminario, obtengo invariablemente la respuesta de: "Mi Cliente". Sin embargo, piensa en esta situación hipotética: Imagínense que solamente están en el mundo usted y su mejor cliente y uno de los dos tiene que caer muerto; ¿Quién quiere que caiga muerto?

Vamos, no te avergüences en decirlo. Con seguridad, si posees cierto instinto de supervivencia, desearás que quien caiga muerto antes que nadie sea... El cliente.

Luego, entonces llegamos al punto principal de toda esta presentación, la persona más importante del mundo es...

TÚ.

Es normal y está bien que así sea, sin embargo, los clientes quieren ser tratados y percibir que, para nosotros, ellos son las personas más importantes del mundo. Pero, ¿Qué es lo que hacemos? Los tratamos como si fuesen iguales a nosotros o a cualquiera, no los hacemos sentir especiales, no les damos su lugar, y eso es lo que hace que los clientes no nos compren.

En la Venta Social, existen 30 aspectos y medio específicos que pueden hacer que el cliente se forme en su mente la imagen de que realmente él es el más importante del mundo para nosotros.

Vamos a encontrar, como en todo, una serie de vicios, que son costumbres en la industria de las ventas o en los negocios, y que están causando que el cliente no se sienta especial, sino que se sienta uno más, provocando que el cliente no nos dé a nosotros la preferencia de la compra.

Al menos, intentaré por todos mis medios que lleguen a esa conclusión, y es que, en general, hacemos una muy mala labor de venta, porque de esta concientización es de donde vendrá el cambio y la motivación para usar los secretos que aquí comparto.

Vamos, ¿de qué sirve que te guste este libro si no usas lo que en él se explica? ¿Cómo te atreverías a desdeñarlo o rechazarlo si ni siquiera lo intentaste?

Más aún, ¿cómo te atreves a pensar que vas a vender más haciendo lo que siempre has hecho?

Antes de seguir leyendo prométete a ti mismo que harás lo que tengas que hacer para dejar una huella en cada noble cliente con quien te encuentres en tu venturosa carrera comercial. Con que hagas 30 y 1/2 cosas diferentes será suficiente. Conviértete en el vendedor social y verás la diferencia.

La Venta Social

SECRETO Nº 1, No vendas

1. Deje de vender.
La gente no quiere ser vendida pero sí quiere comprar

¿Recuerdas una película que se llama La Máscara?, ¿recuerdas un instante en que él después de haberse colocado la máscara, aparece en el centro nocturno, abre la boca y saca la lengua cuando ve a la chica guapa que está cantando al frente? Bueno, pues esa misma cara, es la que nosotros ponemos y es la que los clientes nos ven, cuando estamos tratando de vender.

Este aspecto es tan importante que un gran entrenador en ventas lo ha hecho su lema principal. Jeffrey Gitomer es conocido como el evangelista del no vender para vender. Su lema: "Las personas no quieren ser vendidas, pero aman comprar".

No hay nada que cause más rechazo que alguien que nos trata de vender. ¡No trates de vender! Crea el ambiente en el que las personas quieren comprar.

Ahora piensa en esto, ¿cuándo le has dicho a tu esposa o esposo: "Mi amor, vamos a que nos vendan algo"? Probablemente nunca, porque lo que generalmente dices es: "vamos a comprar algo", un coche, la despensa, etc. ¿Qué quiere decir esto? Quiere decir que a la gente le encanta comprar, pero no les gusta ser vendidos, por lo tanto, deja de vender.

La gente no quiere ser vendida, pero sí quiere comprar. Ya queremos comprar, sólo necesitamos ayuda, pero no presión. Un ambiente cómodo, no un ambiente forzado. Un amigo, no un vendedor.

Además, tratar de vender, querer vender, irradia escasez y mediocridad por los cuatro costados y en las cuatro dimensiones espacio-temporales. Es como si se fueran a acabar los clientes del mundo y si no le vendo a este me muero porque no hay más.

Es como si el mundo fuese tan escaso y no hubiera para todos que hay que sacar hoy lo que se pueda antes de que se acabe. Y si eso piensas, eso construyes. Vivirás un eterno, un continuo espacio-temporal de escasez. Pero ya hablaremos de creencias más adelante, no vayas a creer que la vida en ventas es fácil. Lo que nos lleva al secreto Nº 2…

SECRETO Nº 2: Ser Diferente

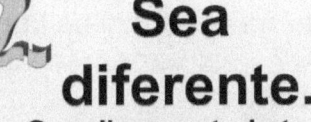

Sea diferente.
Que dices en todo tu mensaje que la competencia no está diciendo.

¿Has escuchado alguna vez la frase "La mejor calidad al mejor precio"? ¿En serio? ¿La has escuchado? Porque la acabo de inventar al momento de escribir estas líneas.

Ya en serio, ¿pensarías que alguien que usa esta frase es diferente a los demás? Si no eres estúpido, ya te habrás dado cuenta de que todos no pueden, por imposibilidad física, ser el más barato. Uno solo, y solamente uno, lo puede ser. Entonces, ¿por qué todos usan la misma cantaleta?

En ese proceso de crear el mundo en el que el cliente quiere entrar, de crear el aspecto, el ambiente en el cual el cliente quiere comprar tu producto o servicio, necesitas ser diferente. Y esto puede parecer muy difícil o, en ocasiones, imposible, "porque ya está todo inventado".

La pregunta que te tienes que hacer es: ¿Qué dices en todo tu mensaje, que la competencia no está diciendo? Por ejemplo: Presentamos currículos de las empresas o currículos personales, ¿Qué va a decir ese currículo? ¿Vas a comentar, por ejemplo, todas las veces que no asististe a clase o que en el último seminario o diplomado que tomaste, dormiste la mitad del tiempo? ¿Eso vas a decir? ¿Tal vez serás sincero y escribirás que no aprendiste nada?

Evidentemente no, no vas ni siquiera a mencionar tu promedio académico (a menos que sea de matrícula de honor), el currículo solamente va a hablar de las cosas buenas, por lo tanto, es verdaderamente irrelevante.

Lo mismo pasa con las empresas, cuando presentan un catálogo, ¿Qué dice el catálogo? Sí, pensaste bien: basura. Sé que puedo resultar un poquito extremo, por lo tanto, si no te gusta mucho el lenguaje extremo, bájale a tu sensibilizómetro, porque el propósito de ser extremo es simplemente manejar ciertos puntos de tal manera que sean mucho más impactantes. A lo mejor exagero algunas situaciones, pero no te pierdas en la exageración, quédate con el punto.

¿A qué me refiero con ser diferente? Me refiero a eliminar todo eso que dice que "nosotros somos líderes en el mercado...", "tenemos cuarenta años..." eso es "vomitar" sobre el cliente. Al cliente no le interesa nada de eso, por lo tanto, lo que tienes que hacer es hablar de otra manera, decir algo que todos los demás no estén diciendo, si tú dices lo mismo que ellos, te van a tratar inmediatamente como uno más.

Pero no caigas en la "trampa de la innovación". Es realmente fácil, y mortal, caer en esta trampa, la de que necesitamos inventar el "hilo negro" para tener éxito. Cuando voy a un curso de innovación o creatividad, con frecuencia se mencionan personas quienes han revolucionado totalmente el sector en el que incursionaron. Henry Ford, Steve Jobs, Amancio Ortega, Bill Gates, etc, salen siempre a relucir en este tipo de cursos. Yo me sé muchos más, pero el resultado de mencionarlos es siempre el mismo: desmotivación extrema.

"Porque, ¿acaso soy yo un Steve Jobs, un Bill Gates, un Edison? No, en absoluto. Soy simplemente Paco, que no ha inventado nada en su vida."

Y realmente sería injusto que Paco lo inventara. Pero entonces, ¿cómo carambas va Paco a salir adelante sin esa invención, innovación o descubrimiento más allá de este mundo? La respuesta es que no hay manera y a este pensamiento llamo yo "La Trampa de la Innovación".

Vamos, he llegado a escuchar de algún ponente que si no eres capaz de inventar algo nuevo ni intentes emprender.

Los seres humanos somos producto de nuestra comunicación. Las personas no entendemos lo que las cosas son, entendemos lo que se nos comunica.

¿Cómo clasificamos las experiencias que nos suceden, la comunicación que se nos da? Controlar este proceso va a resultar clave en tu experiencia de ventas. Ya veremos más adelante cuáles son las herramientas básicas de una comunicación espectacularmente eficaz, pero ahora podemos aprender a "sonar", a "vernos", a que nos "sientan" diferentes.

> **La solución...**
> - Creas un ambiente en el que el cliente quiere comprar.
> - Para eso, para crear ese ambiente, están los 30coma5 secretos...

¿Cómo? Dominando nuestros **canales de salida**. Verás, todo lo que comunicamos los hacemos a través de la información que dan nuestras palabras, nuestro cuerpo y demás expresiones fisiológicas (respiración, gestos, tensión muscular) y, en tercer lugar, la modulación de nuestra voz.

De los tres canales de salida de información, palabras, voz y fisiología, el que menos información da es el de las palabras (7%). Le sigue el de la voz (38%) y, ¡oh sorpresa!, el de mayor impacto es la fisiología (55%). Sí, estamos programados para decodificar más información de las señales del cuerpo y la voz que de las palabras que usamos.

Y los que recibimos la información juntamos lo que obtenemos de los tres canales para formarnos una idea de con quién estamos. Más adelante volveré a repetirte este dato porque es de suma importancia y todo se aprende por repetición.

Piensa en esto: si te oyes como un vendedor, usas las palabras de un vendedor y te mueves como un vendedor, ¿qué eres? Un vendedor.

Cambia tus palabras, tu voz o tu fisiología y serás "identificado" como otra persona, no como un vendedor. Automáticamente, las barreras psicológicas que todos ponemos en frente de cualquiera que nos quiere vender se caen cual muro de Berlín. De otra forma, estaremos cambiando este muro que afortunadamente caducó por la Gran Muralla China.

No necesitas inventar nada nuevo que revolucione la vida de la humanidad. Te felicito si lo logras, pero si ese fuera el caso no estarías leyendo este libro. Sólo necesitas ser identificado como alguien diferente y, para ello, solo necesitas usar de manera original tus canales de salida.

Ser, parecer diferente, te abrirá sin duda muchas más puertas, porque las personas no queremos escuchar el mismo discurso de siempre, pero estamos abiertos a la novedad, a lo original. Nuestros circuitos neuronales de la lógica y de lo racional tardan en entrar en acción por lo que nuestras decisiones inmediatas, escuchar o no a alguien, son tomadas en base a instinto, en base a nuestros patrones neurológicos más ancestrales y primitivos.

Finalmente, estos circuitos más antiguos responden a los patrones básicos de comunicación. Las personas evaluamos la diferencia en base a estos patrones. Si las personas no nos pueden diferenciar de los demás, si no encuentran el valor que agregamos a sus vidas, entonces buscarán precio.

El precio es un factor diferenciador cuando no existe otra cosa. Como decía el gran humorista español Jose Luis Coll: "Yo entre una mujer rica o una mujer pobre no me lo pienso; la que tenga más dinero".

Si quieres triunfar en ventas y en la vida deja la lógica en casa cuando salgas a la calle. Y por muchas más razones que simplemente mostrarnos diferentes a los demás, pero ya hablaremos de ello cuando toquemos el asunto de las creencias. Mientras, veamos el secreto Nº3…

SECRETO Nº3: Ahorra Dinero en Folletos

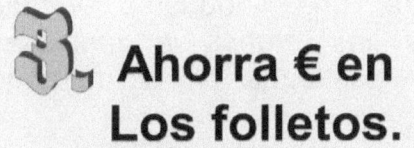

Haz dos cosas: Compra un bote de basura y entrégale al cliente, el bote con tu folleto adentro. En el bote de basura, graba el sello de tu empresa en el mismo bote, tu teléfono y tu nombre y llévaselo al cliente y dile: "Te traigo mi folleto, imaginé que lo ibas a tirar y de una vez, te lo traje ya en el bote de basura".

Es muy factible y probable que el cliente le haga gracia tu ocurrencia, y lo vacunes contra el hecho de tirarlo o, si tira tu folleto, por lo menos conserva el bote. Así que, en ese instante, ¡ya fuiste diferente!

Haz otra prueba: Recuerda un cliente a quien tú le diste un folleto hace 6 meses, llámale por teléfono y dile que si te regresa el folleto que tú le dejaste le pagas $1.000 dólares. No te preocupes, nadie te va a regresar un folleto. Es igual que cuando vas y pides trabajo y presentas tu currículo, nadie te regresaría el currículo 6 meses después, porque nadie lo guarda.

Ahorra dinero en este tipo de materiales que, además, la mayoría de la gente no lee. Me acuerdo de haber puesto la frase "especialistas en PNL" en el dosier de la segunda empresa de consultoría que fundé, allá por 1995. Para mí era evidente que esta especialidad nos daba una indudable ventaja competitiva con todas las demás e ineficaces compañías consultoras existentes en el mercado. ¿Resultado? Ninguno.

Nadie lo leía, y los pocos que sí lo hacían me preguntaban inmediatamente "¿Qué es eso de PNL?". Si pensamos qué es lo que hace que alguien nos preste atención, volvemos a caer en asuntos del inconsciente, ni más ni menos.

Existe en Programación Neurolingüística una presuposición o principio fundamental que dice que "Los recursos que una persona necesita para realizar un cambio se encuentran ya dentro de ella".

Es decir, todo lo que necesitamos para conseguir una meta, un objetivo, ya lo tenemos con nosotros. No necesitamos depender de un folleto llamativo para vender. Uno de mis jefes solía decirme que para vender un proyecto de consultoría sólo necesitábamos una servilleta. Y tenía razón.

Mis tarjetas de presentación personal son impresas en una impresora láser o de tinta, según la que esté disponible en ese momento. Las personas me preguntan que si no gano para mandarlas a imprimir a una tienda especializada. Es entonces cuando les cuento que he escrito un libro de secretos de venta y que el tercero de esos secretos dice..., bueno, lo que acabas de leer.

Mi pregunta es si una tarjeta de imprenta da más información y la respuesta es que sólo da más imagen y admito que, aunque esta, la imagen, es importante, si estás empezando o estás posicionándote como yo lo hago, las tarjetas de impresora son más que suficientes. Si vas a usarlas, puedes hacerlo después de "vacunar". ¡Ah!, pero todavía no te explico lo de la vacunación, ¿verdad? Luego, más adelante...

No digo que no tengas algo que entregarle al cliente, sobre todo a esos que te dicen "¿No tienes un folleto de tu empresa?". No les vas a decir que no. En ese momento sacas el tuyo, breve y conciso, y lo entregas diciendo algo así como "¡Hombre! Un inteligente cliente que sí lee los folletos. Yo también lo hago casi siempre que algo me interesa (Igualación o similitud favorece la empatía).

Es posible saber muy rápidamente con quién tratas cuando los lees, sabiendo, desde luego, leer entre líneas, al encontrar detalles que nunca saldrían en una entrevista. Al leer el mío verás que todo lo que te cuento está sustentado y que puedes confiar en mí (programación o sugestión dirigida al inconsciente que condicionará la lectura del cliente)."

Un poco de hipnosis conversacional, que es lo que acabo de usar, tendrá siempre más resultado que un folleto diseñado por Dalí.

Me encanta cuando las personas me dicen "Usar hipnosis conversacional es inmoral". ¡Ja! Lo inmoral es decir que no la usas cuando sí la usas. Una vez un cliente me dijo "Este truco que acabas de enseñarme, el de la opción inútil, ¿no es el mismo que usaste para venderme?".

Bueno, inmoral hubiera sido decirle que no porque sí lo era. Mi respuesta, como seguramente ya habrás adivinado, fue "Por supuesto que es el mismo "truco", aunque yo prefiero llamarle técnica. No usarlo sería como pedirle a una mujer bella que no usase maquillaje.

Mi solución es buenísima, y lo único que hice fue presentártela "maquillada". Ahora, lo que tienes que hacer es usarla tú, aprender a usarla para adornar los excelentes productos que vendes".

Y si te estás preguntando que cuál es la técnica de la opción inútil, te aviso que se encuentra más adelante. Llegará en su momento, cuando estés preparado para escucharla, porque antes hay que dominar el secreto Nº 4...

SECRETO N°4: El Cliente No Quiere Escuchar Basura Acerca de Ti.

4. El cliente no quiere Escuchar basura Acerca de ti.

Al cliente no le interesa todo lo que tú tengas que decirle, al cliente lo único que le interesa, es lo que puedas hablarle de él mismo, recuerda que debe sentirse que es la persona más importante.

En un interesantísimo estudio realizado en Estados Unidos en 1963, una compañía de venta directa, es decir, que vendía directamente a través de cartas al consumidor potencial productos novedosos, se obtuvo un, nada sorprendente hoy en día, curioso resultado.

Se envió una carta en la que se promocionaba un nuevo producto y en la misma se mencionaban todas las características propias del mismo, para qué servía, cuánto costaba y algo más acerca de la empresa que lo fabricaba. La carta estaba escrita alrededor del producto y de sus beneficios. La respuesta de los potenciales consumidores fue de un 26%. También se usaron técnicas como la de la fecha límite para

La Venta Social

comprarlo e inventarios limitados (escasez) y la de una reducción importante en el precio en comparación con el precio original (contraste).

Acabo de mencionar dos de los seis Secretos Universales de la Influencia, un conocimiento de incalculable valor para cualquier persona que desea triunfar en el mundo de la comunicación o de las ventas. Más adelante los revisaremos en detalle.

Se hizo, sin embargo, otra versión de la carta. En esta versión se escribió exactamente la misma información, pero ahora contada en relación al cliente en su totalidad. Por ejemplo, en lugar de decir "el producto x hace esto y lo otro", la nueva versión decía "usted experimentará esto o lo otro con el producto x". Es decir, no hablaba del producto, sino de la persona que lo usaría. ¿Resultado? 64% de conversión.

¿Sorprendido? No nada más a los clientes les interesan ellos mismos. Lo mismo pasa con tu pareja, con tus hijos, con tus amigos y con el resto del mundo. Aprende a ver el mundo a través de los ojos de los demás y la empatía plena dejará de ser un secreto para ti. Dominarás ese arte y las personas estarán contigo no por lo que vendes, sino por quién tú eres, una fuente de inspiración, alegría y paz. Y podrás vivir con el secreto N° 5, que no a todos nos resulta fácil de digerir y es...

SECRETO N.5 Tampoco le importas tú. Vive con ello.

Déjame decirte que, si tú te caes muerto en el despacho del cliente, lo único que va a pasar es que el cliente va a pedirle a la secretaria: "Señorita el vendedor cayó muerto, ¿podría sacarlo? En cualquier momento va a empezar a oler mal, llame a la empresa y pídales por favor que me manden a otro, porque este "ya se murió".

Y esto es normal, la vida sigue contigo o sin ti, tienes que aprender a vivir con que al cliente realmente no le interesas tú, no le interesan tus necesidades, lo único que al cliente le interesan son las suyas y tenemos que saber vivir con ello y lidiar con ello.

Como decía Jim Rohn, el legendario filósofo de negocios como él se definía a sí mismo: "Al mercado sólo trae tus habilidades (*seeds* en inglés, que son semillas en castellano, pero no rima con necesidades

La Venta Social

así que me atreví a cambiar su frase original), nunca tus necesidades (*needs* en inglés)".

"ESPERAR QUE LA VIDA TE TRATE BIEN PORQUE SEAS BUENA PERSONA, ES COMO ESPERAR QUE UN TIGRE NO TE ATAQUE PORQUE SEAS VEGETARIANO."

- BRUCE LEE.

Recuerdo haberme subido al metro de Madrid y haber presenciado el patético intento de venta por parte de un, sin duda, necesitado vendedor de galletas. Su entrada fue algo así "Galletas, vendo galletas. Soy un hombre enfermo y en paro, con 3 hijos. Ayúdenme, por favor. No he comido en días, etc." Y ni una sola palabra acerca de las galletas o de los clientes y las sensaciones que van a experimentar al comerlas.

Independientemente de que por su apariencia robusta era ya complicado creerle que no había comido en días, se trataba de un caso evidente de llevar al mercado, a la venta, sus necesidades, no sus habilidades.

Al bajarnos del vagón, me atreví a acercarme a él quién pensó que le iba a comprar sus galletas por lo que no ofreció resistencia alguna. Le dije "Amigo, yo enseño ventas. ¿Le puedo dar un consejo?". Me miró con cara de extrañeza, pero como pensaba que le iba a comprar me dijo que sí. Continué "Mire, en el siguiente vagón, le recomiendo que no mencione nada de sus problemas y que intente vender contando lo natural de las galletas, hechas a mano, con fibra y buenos ingredientes. Dígales que los que las coman van a sentir que calman el hambre con productos naturales de enormes beneficios y, además, ayudarán a un hombre que trata de ganarse la vida honestamente. ¿Qué le parece? ¿Lo hará?"

"¿Va a comprar o no?", me contestó. "No, no compro nada que no sé para qué sirve", le dije. Se dio media vuelta y se fue sin siquiera agradecerme mi tan valioso consejo. No sé, pero tengo la impresión que no lo aplicó.

> Si le das información al cliente acerca de ti, serás considerado como un vendedor.
> Si le das respuestas y soluciones, te considerará un recurso.

Si tú le das información al cliente, acerca de ti, entonces eres un vendedor más y serás considerado como un vendedor. Sin embargo, si les das respuestas y soluciones al cliente, él te considerará un recurso y los recursos -algo muy importante que yo he aprendido- los recursos se tienen, aunque eventualmente no se usen, pero si se tienen, cuando se necesiten se van a usar.

Este es uno de los más grandes secretos de la venta, la relación que nosotros tenemos con el cliente no necesariamente se tiene que ver reflejada en cerrar en este instante aquí y ahora una venta, pero lo que sí tiene que quedar muy claro es que existe una relación. Si existe una relación cuando ese cliente necesite tu producto, o servicio o idea y tú estás ahí como un recurso, te va a comprar y eso puede pasar en cualquier momento.

Recuerdo una ocasión en la que impartí un seminario en la Universidad de Guanajuato, y en ese seminario hablaba de un proceso de influencia con programación neurolingüística. La sala se encontraba a reventar, tanto que muchas personas estaban literalmente sentadas en el suelo y algo muy interesante es que una de las personas que me estaba escuchando, sentada en el suelo, a mi lado, me pidió mi tarjeta y yo también le pedí la suya. No recuerdo haberle vuelto a ver ni me acordé de él más.

Sin embargo, dos años después de que intercambiamos tarjetas, me recomendó con uno de los más grandes clientes que yo he tenido en mi empresa de consultoría y les dijo, a este cliente, que yo era un experto en cambio.

¿Cómo lo supo?, ¿cómo supo que yo era un experto en cambio ya que nunca jamás había visto mi trabajo, ni había trabajado conmigo? Y la razón es que cuando yo hice mi presentación jamás pensé en vender, pero si pensé en posicionarme y me posicioné como un experto en cambio y quedé tan bien posicionado, que dos años después esta persona me seguía considerando un experto.

Compaq, el proyecto resultante de la recomendación, fue el más grande de consultoría que jamás había hecho hasta ese entonces mi empresa y no gasté un duro en folletos, ni en llamadas telefónicas, ni en marketing, ni en ventas.

Tienes que pensar entonces que realmente te conviertes en un recurso, y eventualmente te usarán. Y es que la oportunidad de contactar a alguien es un evento único en el Universo. Un evento que te dará siempre la oportunidad de ganarte el cielo en este mundo, para lo cual necesitarás el secreto Nº 6...

La Venta Social

SECRETO N°6: Sé honesto siempre.

Sé honesto SIEMPRE.

Las personas compran de alguien en quien confían y la confianza se gana con honestidad. En la venta social, la honestidad es insustituible.

Sé amistoso y agradable, piensa en la amistad y en caerle al cliente de forma agradable pero no como manipulación, sino porque realmente estás pensando en la relación y no en la venta.

Y recuerda, sé siempre brutalmente honesto, pero con simpatía. Usa la vacunación y el "judo mental", que revisaremos en detalle más adelante, en otro secreto.

En una ocasión en la que del aeropuerto me dirigí directamente al despacho de un cliente a hacerle una presentación que, por prisas, no había tenido tiempo de revisar, tuve la oportunidad de probar este secreto mejor que nunca antes, aunque la honestidad forma parte integra de mi vida personal y profesional.

El caso es que el director de Calidad de BBVA Bancomer, en México, nos había concedido una entrevista para hacerle una presentación de nuestros servicios de consultoría. Al llegar a la sala, minutos antes que el Director en cuestión, tuve finalmente tiempo de revisar lo que íbamos a presentarle. Casi me caigo de espaldas al descubrir que la carta escrita que iba a entregar estaba repleta de faltas de ortografía e imprecisiones.

En ese momento el Director de Calidad, ¡de Calidad, imagínate!, entró en la sala, apurado, como con ganas de revisar la propuesta rápidamente. Lleno de valor le dije que no podía entregarle la propuesta, puesto que esta estaba llena de faltas inaceptables de ortografía, y mucho más viniendo de una empresa de consultoría experta en programas de Calidad.

Y antes de que pudiera emitir una sola palabra, continué "Sin embargo, me atrevo a decirte que un proyecto con nosotros resultaría extraordinario". Es innecesario decir que me miró sorprendido, muy sorprendido. "Tú, como experto en Calidad, sabes que la Calidad se mide en rangos de error. Como en esta carta ya hemos cometido todos los errores que el rango permite, te puedo decir que el proyecto resultaría perfecto, en la interpretación literal de la palabra". Gerardo, el Director, sonrió finalmente.

Aproveché el "error" para posicionarme como un experto en Calidad, para enseñarle que podría confiar en nosotros porque éramos sinceros y que, si fallábamos en algo, lo que era humano y factible, podría estar seguro de que lo arreglaríamos más allá de su satisfacción (otro secreto que viene más adelante). Y le presenté la propuesta verbalmente.

Debo confesar que no vendí el proyecto. Sin embargo, posteriormente llegamos a realizar proyectos de consultoría y formación en BBVA Bancomer y yo siempre mencionaba mi relación con Gerardo, es decir, que mi propuesta llena de faltas de ortografía nunca representó un problema. Hasta la fecha, Gerardo y yo mantenemos una buena relación, cercana a la amistad.

Y un día, no sé cuándo ni me importa, un día, este cliente y amigo me comprará. O no, porque lo que tenía que ser fue y lo que tenga que ser será. Finalmente, la ganancia está en lo que dice el secreto N° 7, que es…

La Venta Social

SECRETO Nº7: Aprende a presentar de forma irresistible, con las 6 LUI.

Aprende a presentar de forma irresistible: Las 6 leyes universales de la Influencia.

Aprender a usar los Seis Secretos Universales de la Influencia no es opcional.

O aprendes a usarlos para presentar lo que sea que vendas o los demás los usarán en ti, sin que puedas hacer nada por evitarlo.

Funcionan desde hace miles de años y funcionan tan bien que consiguen el efecto deseado aún sepas que los están usando contigo, de manera inevitable.

Aunque de esas 6 LUI se podría escribir un libro entero (de hecho, lo han escrito ya y el autor es Robert Cialdini y se llama "**Influencia; cómo y por qué las personas aceptan las cosas**"), me voy a limitar a darte los seis principios y a invitarte a que los estudies más profundamente.

1. **Principio de Reciprocidad.** Las personas siempre se van a sentir con deseos de hacer algo por ti si tú primero haces algo

desinteresado por ellos. Y sé honesto en este principio y se te abrirán las puertas del cielo, porque las personas detectamos fácilmente a los que solo nos dan algo porque nos quieren sacar algo.

2. **Principio de Escasez**. Por regla general, lo escaso o limitado se hará siempre más atractivo.

3. **Principio de Prueba Social**. Tomamos decisiones en base a lo que otros deciden. Necesitamos hacerlo ante toda la incertidumbre que rodea nuestras vidas.

4. **Principio de Autoridad**. Compramos lo mismo que personas a quienes admiramos compran o comprarían.

5. **Principio de Compromiso**. Decidimos en base a la consistencia con nuestras previas acciones o creencias. Ir logrando pequeños síes nos puede llevar a un sí más grande, al lograr consistencia con los síes anteriores.

6. **Principio de Contraste**. Nada se puede evaluar de manera aislada, sólo en comparación con algo más. Dominar el principio de Contraste implica que dominamos la manera y el orden en que presentamos las cosas, para lograr que la

apreciación de lo presentado sea la que buscamos. Si presento primero lo más caro, lo que venga después es percibido como más barato de lo que realmente es.

Una gran aplicación del principio de contraste es la técnica llamada **"opción inútil"**. Muy sencilla de usar, ayuda notablemente a realzar las propuestas presentadas dirigiendo la decisión del cliente hacia la mejor de dichas opciones. Te voy a poner un ejemplo.

La mayoría de las personas pensamos que nuestras decisiones son inteligentemente tomadas, que evaluamos las diferentes alternativas y seleccionamos la mejor en base a nuestra enorme preparación e inteligencia, que, en pocas palabras,

¿Por qué trabajan y funcionan siempre?

- 5 razones
    - La vida moderna y la sobrecarga de información.
    - Falta de habilidad para analizar la información.
    - La falta de tiempo y la necesidad de atajos.
    - Estos atajos han probado a lo largo de miles de años ser deseables.
    - Porque son efectivas, las seguimos usando, haciéndolas más efectivas.

nada puede influir en nosotros sin que nos demos cuenta. Mentira.

Sólo 95% de nuestras decisiones son tontas, del resto nos podemos sentir ciertamente orgullosos y son una prueba de nuestro poderoso intelecto.

Al contrario de lo que pensamos, somos las perfectas víctimas para que cualquiera, con los conocimientos adecuados, nos haga decidir lo que quiera que decidamos. Aun dándonos cuenta, la estrategia funciona, lo que la hace infalible. Estamos hablando de percepción y deseo, no de acciones.

Es decir, puede que algo nos apetezca, a pesar de lo cual es factible que no lo hagamos. De lo que se trata es, pues, de generar el deseo y luego crear condiciones fáciles para la acción.

Veamos un ejemplo. La revista Time ofrecía el siguiente listado de opciones para suscribirse a su revista:

Pensamos que tomamos decisiones racionales

Opciones	% de selección	% de selección sin opción 2
Suscripción por un año a TIME online: $59.00 USD	36%	68%
Suscripción por un año revista : $125.00 USD	0%	
Suscripción por un año revista y en línea: $125.00 USD	64%	32%

Cuando se presentaban las tres opciones juntas, la respuesta obtenida era la que aparece en la primera columna. Curiosamente, cuando se presentaban la opción A y C, eliminado la "opción inútil" B, la respuesta era sorprendentemente diferente. Es decir, la opción inútil B solo servía para que la opción C resultase la obviamente más atractiva.

Sí, ya sé, pero más vale que vayas erradicando la palabra manipulación para siempre, porque comunicarse es manipular, lo quieras o no. Las 6 LUI trabajan y te explico por qué.

Verás, debo confesarte que, cuando empecé a escribir este libro, lo imaginé de trescientas o cuatrocientas páginas. Al final decidí que fuese de sólo unas ciento cincuenta, lo que lo haría más ágil y divertido. Pensé también en que para darlo a conocer regalaría los primeros capítulos, pensando siempre en que el leerlos, aunque fueran solo esos pocos capítulos, representaría información útil.

Oscar Wilde dijo "No hay peor libro que el que no se escribe", por lo que me atreví a escribirlo sin dudarlo y, para mi sorpresa, todos los clientes a quienes les dije que estaba escribiendo este libro me animaron a hacerlo y prometieron que harían propaganda del mismo con entusiasmo, lo que me mantuvo firme en la tarea.

No pienso hacer muchos ejemplares porque así serán solo los interesados y elegidos, personas inteligentes, sin duda, quienes tendrán acceso a esta información y, después de un rato, pienso quitarlo de los anaqueles de venta.

Y a ver si descubres la aplicación de los seis principios en mis párrafos anteriores. Pero hay una mejor manera de usar estos principios y es si los usas después de hacer las preguntas correctas. Lo que nos lleva al secreto N° 8…

SECRETO Nº8: Aprende a hacer preguntas.

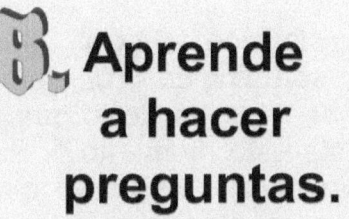

Tony Robbins, el famoso experto en desempeño humano, dijo en una ocasión "Las preguntas son la respuesta". Y vaya que tenía razón.

Todo nuestro proceso de pensamiento se puede sobre simplificar en cómo hacernos preguntas y respondérnoslas. ¿Qué es pensar? ¿No acabo de hacer una pregunta? ¿Ves? Haciendo preguntas se logran respuestas.

Una pregunta antes de continuar. ¿Recuerdas quién dijo esto?

"No preguntes qué puede hacer el país por ti, sino qué puedes hacer tú por el país".

Hubiera podido ser cualquier presidente de cualquier país del mundo, aunque todos sabemos que fue Kennedy y en un momento especialmente adecuado para decirlo. Y las personas se hicieron la pregunta.

Si dominas el arte de las preguntas dominas la conversación, porque las preguntas consiguen que hagamos tres cosas al menos:

1. Dirigen nuestra atención hacia donde queremos que esta sea dirigida. Por ejemplo, "¿Qué es lo que más te gusta de lo que has leído en el libro hasta este momento?". Estoy dirigiendo tu atención hacia donde yo quiero que vaya, sin permitir que tu atención vague peligrosamente por terrenos que están fuera de mi control.

2. Permiten lograr empatía rápidamente al permitirme conocer cómo es la otra persona con quién estoy hablando. Una pregunta muy adecuada, antes de empezar a decir cosas como "qué curioso, yo también".

3. Controlan nuestras emociones. Los seres humanos somos complejamente sencillos. Además, parece que compartimos el mismo Sistema Operativo universalmente. Si te pregunto por cosas positivas te hago sentir mejor; por el contrario, si quiero deprimirte, sólo tengo que hacerte preguntas depresivas.

Ahora entenderás por qué empezar una conversación con un cliente acerca de "la crisis" o de "los atentados de París" o del "aumento del desempleo", no resulta en lo absoluto adecuado. No ya por el hecho de vender, si no me refiero a eso. Me refiero al hecho de colocar al cliente, o a quién sea, en un estado emocional depresivo, negativo.

Mira, si quiere sentirse negativo solo tiene que encender la televisión. Si tú eres de los que empiezan las conversaciones como todo un hombre de mundo, pronto se acostumbrarán a sentirse mal con solo saber que vas a visitarlos.

Una de mis principales preocupaciones es llegar a convencerte de que tienes un poder inmenso dentro de ti, y la mayor parte de las veces sin usar. Un poder que puede tirar al traste con todas tus aspiraciones o te puede elevar al puesto de Rey del Universo sin pestañear. Hazle al cliente la pregunta inadecuada y ¡adiós venta! Hazle la pregunta correcta y … ya sabes lo que sigue.

Si llegas a darte cuenta de que, fundamentalmente, eres y somos inductores de emociones, tal vez empieces a cuidar un poco más este aspecto, el de hacer preguntas constructivas y no destructivas. Y no solo al cliente, las preguntas que nos hacemos a nosotros mismos tienen un efecto enorme sobre los resultados que conseguimos.

Y a evitar la pregunta más peligrosa de todas, la pregunta "¿por qué?". Y no necesariamente a evitarla, sino a usarla con precisión y oportunidad. Sí, ya sé, que por qué es "por qué" una pregunta peligrosa.

Y ya que me preguntas, te explico. La pregunta "por qué" se conoce como un "reforzador de la respuesta", es decir, refuerza la respuesta que te acaban de dar ya sea que la quieras o no. Te doy un ejemplo.

Una persona es invitada por ti a cenar y la respuesta que obtienes es un no. Acto seguido procedes, según te han enseñado por años, a preguntarle "pero, ¿por qué?". A lo que la otra persona procede a contestar, siguiendo tu amable y estúpida solicitud, con la, o las razones, de la negativa, con lo cual, la negativa inicial queda perfectamente reforzada.

Todo perfecto, si lo que no querías era que aceptasen tu invitación.

Otro ejemplo, Un cliente te dice que no le convence tu propuesta y, según mandan los cánones, le preguntas inmediatamente "¿Por qué no? O peor aún, le preguntas "¿Qué específicamente no le convenció? No solamente reforzando el no sino, además, dirigiendo su enfoque directa y precisamente hacia lo que no le convenció. Y yo me pregunto, ¿somos tontos o qué?

A ver. ¿Es que quiero que el cliente me explique racionalmente por qué no quiere comprarme? Y ahora, ¿cómo cambio eso? Cuando me dé una clara explicación irrefutable de por qué no, ¿es entonces cuando ya me puedo ir con su negativa contento a casa? Por el amor de...

Para empezar, tenemos que entender el proceso de toma de decisiones de las personas y debemos distinguir entre decisiones lógicas y decisiones emocionales. Las últimas, el 90% o más de todas las decisiones humanas, siguen un sencillo proceso. Primero establecemos la decisión y luego, una vez tomada, le buscamos explicación racional. Nos dejamos llevar de múltiples consideraciones inconscientes, subliminales, y, como queremos parecer seres racionales, vamos a tratar de encontrarle la lógica a todo lo que hacemos. Pero esto es artificial.

La persona que te dice que no quiere cenar contigo no tiene idea de por qué no quiere... hasta que se lo preguntas. El cliente que no está convencido de tu propuesta no sabe a ciencia cierta por qué, pero ahí estás tú presente y dispuesto a preguntarle. Es la buena obra del día, que nuestro cliente no sienta ninguna duda o incertidumbre acerca de su no convencimiento gracias a nuestra preguntita. Así, ese día se acostará convencido de algo, de que su no hacia ti fue adecuado.

La verdad es que preguntar por qué solo resuelve nuestra eterna necesidad de reforzar nuestro ego, de saber que no fuimos nosotros la causa del no, de que no hubo nada que pudiéramos hacer, de encontrar una gran excusa para darle a nuestro jefe.

En ventas, como en la vida, no debemos usar jamás la siguiente fórmula:
R= NR+UBE

Donde R es igual a Resultados, NR es igual a No Resultados y UBE es Una Buena Excusa. Es decir, no tuve resultados, pero tengo una súper excusa para no haberlos tenido. Es decir, YO NO TENGO LA CULPA.

NO, **Resultados** solo es igual a **Resultados**. Punto. Sé que estoy siendo extremo de nuevo, pero se trata de cambiar nuestra vida, no cambiarnos de ropa o de camisa. No quiero confundirte, sigo sin estar hablando de dinero. Hablo de hacer sentir bien a los demás, de hacer significativo el encuentro, la cita, la reunión.

"Ahora bien, si no le debo de preguntar por qué, ¿qué debo de preguntar?". Me alegro que insistas en el asunto porque sí existen preguntas que se pueden y deben hacer.

Recuerda que con nuestras preguntas controlamos el enfoque de nuestros clientes y de cualquier persona con quien hablamos y, controlando el enfoque, controlamos sus emociones. Les podemos hacer sentir bien.

Regresemos al caso de la persona que invitamos a cenar y nos dijo que no sin saber por qué. Bueno, asumo que quieres que diga que sí y que no quieres que siga averiguando y racionalizando su decisión emocionalmente tomada. Si tu propuesta es más cara, es evidente que ya no es cuestión de gusto o convencimiento, sino de lógica. Si la hora es inconveniente porque existen otras ocupaciones o compromisos, pasa lo mismo, la lógica determina la respuesta. Pero no es el caso, pues la persona invitada rechaza a lo mejor incluso, dando alguna razón muy racional tal como "Hoy no me siento con ganas".

Ahí, en esa respuesta, lo que nos está diciendo es que todo es emoción, que hay algo que no le agrada o gusta, pero a mí no me importa qué. No quiero saber. Ni acercarme a ello. Ni de lejos. Niet. Nada. Nothing.

Pregúntale algo así como "Lo entiendo, pero, si quisieras salir a algún lado a cenar, ¿a cuál irías?". ¿Ves? Hasta yo me siento inspirado ahora, pues estoy pensando en el restaurante de mi gusto y en mi mente ya existe una escena de mí mismo cenando en un restaurante. Y puedes ir más lejos todavía, puedes preguntarle acto seguido "Y, de ir a ese restaurante, ¿qué platillo pedirías? ¿Cuál es tu preferido?".

Ahora, vayamos de nuevo con el cliente que no está convencido. ¿Qué le preguntarías? Podrías preguntarle algo así como "Lo entiendo, pero, de todo lo que vio, ¿existió algo que sí le agradó? ¿Qué sí le gustó o convenció?".

¿Ves? Lo estás dirigiendo al aspecto positivo y haciéndolo sentir bien. No sé si finalmente vayas o no a hacer la venta. No me importa, lo importante es que dejaste el camino abierto a la relación, a servirle en un futuro.

Así que usa adecuadamente la pregunta por qué y utiliza, además, las llamadas "proceso": qué es lo que el cliente quiere, cómo lo va a conseguir o cómo se lo voy a proporcionar, quién se lo puede y va a proporcionar, cuándo lo desea y dónde lo desea. Quién, qué, cómo, dónde y cuándo. Los cinco amigos que, según el gran escritor Rudyar Kipling, lo acompañaron en la escritura de todas sus obras.

¿Cuándo sí usar la pregunta "por qué"? Cuando quieras reforzar la respuesta obtenida. Un ejemplo. Un cliente te comenta que no le agradó la presentación de la competencia tuya o una persona que te agrada te cuenta las cosas que no le gustan de alguien más que compite contigo por los favores de esa persona. Ahí es cuando usar la pregunta "por qué" está más que autorizado.

"Hay cosas de Carlos (el competidor) que no me encantan", dice ella.

"Pero, ¿por qué dices eso? Cuéntame, dame todo el detalle. ¿Por qué no te encantan?".

¿Me doy a entender?

Y ahora, hagamos un pequeño alto en el camino. Antes de seguir leyendo el siguiente secreto, necesitamos hacer de este un momento significativo, es decir, un momento en el que seamos capaces de concientizarnos acerca de algo que ha sido significativo, algo que podemos usar ya y conseguir resultados superiores.

Date unos instantes y escribe en algún lado, en este libro si quieres, la respuesta a la siguiente pregunta. ¿Qué es lo que más me ha gustado hasta este momento? ¿Qué he aprendido que puedo usar inmediatamente ahora y lograr grandes cosas ya?

Respuesta:
_____
_____
_____

_____

Y si no encuentras nada significativo hasta ahora, piensa que te ponen una pistola en la cabeza y te dicen "Si no usas algo de este libro en las próximas 24 horas te mato. ¿Qué usarías?". Con seguridad encontrarás algo y lo usarás. Pero no hace falta llegar a esos extremos. Encontrarás rápidamente algo positivo en todo lo que hagas o leas.

De esta forma, tomarás parte activa en hacer que las cosas pasen, en hacer que este libro te deje algo significativo. No permitirás que sea la suerte la que

La Venta Social

decida por ti, tomarás el mando y usarás tu poder para hacer que este momento, y todos los que vivas, sean momentos de alegría y felicidad.

Y ahora que estoy hablando con la persona que toma las decisiones, ¿te parece que sigamos al secreto Nº 9? Porque, además, es todo un secreto basado en el sentido común…

Francisco Cáceres Senn

SECRETO Nº9: Cosecha los frutos de tu huerta primero.

9. Cosecha primero los frutos de tu huerta

Imagínate la siguiente escena: Son las 6 de la mañana, eres un granjero, tienes los manzanos llenos de manzanas, rojas y jugosas. Sin embargo, decides saltar la cerca del vecino y llevarte todas las manzanas que penden de sus hermosos árboles.

¿Qué crees que va a hacer el vecino? Si es como yo, probablemente saque la escopeta y trate de sacarte a tiros de su terreno, y eso es lo mismo, que ocurre cuando tratamos de quitarle a la competencia sus clientes.

¿Qué te quiero decir con esto? Que te tienes que enfocar en tus propias manzanas, no te preocupes tanto de conseguir nuevos clientes, sino que los que tienes estén satisfechos y repitan sus compras contigo; es una de las claves, piensa en la gente que tienes, más que en salir y saltar cercas de vecinos, y esperar a que te peguen tiros, que es exactamente lo que hará la competencia, cuando se dé cuenta que quieres entrar en su terreno.

Además, es de sobra conocido que las empresas gastan mucho más dinero en captar nuevos clientes que en satisfacer a los que ya tienen. No cuesta tanto mantenerlos como hacerlos, sin embargo, nos olvidamos de que quien ya nos compró, fácilmente nos puede volver a comprar.

Una persona llamó por teléfono a mi casa, hace ya un par de años. Sin pedir permiso me empezó a soltar su discurso de ventas, en el que me ofrecía una solución de telefonía móvil. Además de decirme que era la más barata del mercado, cosa que dicen todos, me aseguró que la oferta que me estaba proponiendo era exclusivamente para clientes nuevos.

Le pregunté: "Y los clientes actuales, ¿no tendrían la misma oferta?"

Me respondió, sorprendentemente, como si me estuviese dando un trato especial, cuando en realidad me estaba contando cómo era la empresa que representaba con los clientes que ya eran clientes.

Su respuesta es digna de ser reproducida en este libro. De nuevo me pregunto, ¿es que somos tontos y no nos damos cuenta de lo que decimos? ¿Es que pensamos que nuestros clientes son idiotas? ¿Queremos que se conviertan en clientes para que dejen de ser especiales?

La Venta Social

Y lo que me dijo es algo que nos lleva directamente al siguiente secreto, el N°10, en el que también voy a revelarte un par de cosas de las que ya hemos hablado antes y que te darán una ventaja extraordinaria en cualquier negociación.

Francisco Cáceres Senn

SECRETO N.10: Sé un maestro en el teléfono.

Una de las cosas que ocurre en ventas con mucha frecuencia es que presentamos una propuesta o una solicitud de compra y estamos esperando a que el cliente nos autorice la propuesta, o nos dé una cita, para lo cual tenemos que lidiar consistentemente con secretarias y buzones que contestan en lugar del cliente.

Después de dejar nuestro mensaje, quedamos esperando a que el cliente nos regrese la llamada, y lo que ocurre con frecuencia es que el cliente nunca regresa la llamada.

Vamos, que dominar el teléfono es crucial para un buen vendedor. No hablo aquí de las insidiosas llamadas telefónicas denominadas "cold calls". Son el spam del teléfono y con frecuencia generan malas sensaciones, tanto en el que hace la llamada como en el que la recibe. Una "cold call" es una llamada que hacemos sin haber arreglado antes con el que la recibe que se la vamos a hacer. Es una llamada sorpresa, inesperada y normalmente mal recibida. Sé que es necesaria en algún tipo de negocio, pero hay expertos en cómo hacerlas sin que realmente importe si el que la recibe se siente bien o mal.

En este secreto me refiero específicamente a las llamadas de negocios, a las de seguimiento o a las que usamos para concertar una cita.

Sólo tendremos un par de minutos para ganar la gloria o hacer que nos odien para siempre. Para dar una imagen de pobre diablo o de persona altamente confiable y capaz.

La clave es, como muy frecuentemente, la sinceridad. Llama, sí, y di con sinceridad para qué. A menos que el cliente te diga "No me llame, lo haré yo cuando tenga una decisión". Y si eres tú el que llama, puedes decir algo así como "Llamo para que de la respuesta y saber si ya puedo empezar a gastar el dinero de la comisión. Mi mujer, ya sabe, es que quiere irse de compras". No se te ocurra llamar para decir el típico "Llamé para saber si se le ofrecía algo, si tenía alguna otra duda". "Estúpido, si hubiera tenido una duda yo le hubiera llamado", nos podrían contestar perfectamente.

Para lograr dominar el teléfono tenemos que saber algo de "judo mental" y "vacunación", sobre todo esta última herramienta. Además de ciertas herramientas de Programación Neurolingüística que revisaremos en detalle más adelante.

Judo Mental.

Es el arte de tomar cualquier razón dada por el cliente para no hacer algo y convertirla en precisamente la razón para hacerlo. Por ejemplo.

"No tengo dinero", respuesta del cliente.
"Precisamente porque sé que el dinero no sobra es que le hago esta propuesta", tu respuesta.
"No tengo tiempo ahora para escucharle", otro pretexto.
"Y exactamente porque sé que su tiempo es valioso y escaso es que he preparado una presentación precisa, al grano y que contiene lo que puede usted necesitar para lograr sus metas", le puedes decir calmadamente.
"Tengo una propuesta de mejor precio", te pueden decir.
"Por eso, porque es de mejor precio, necesita conocer a otro proveedor antes de que quiebren por dar tan barato, si es que le llegan a la calidad de mi producto, servicio, idea, etc.".

Cada situación requiere de adaptar la respuesta, pero, ¿captas la idea? Haz Judo, utiliza la fuerza del oponente para lograr la llave correcta.

Vacunación.

Vacunar es prevenir una posible objeción antes de que esta aparezca. Un ejemplo.

Puede que al leer este libro te digas a ti mismo algo parecido a "Esto ya me lo sé". Sería una inadecuada actitud si es que no estás contento con tus resultados actuales. Si este es el caso, si no estás contento con lo que estás consiguiendo, lo que por otro lado es la semilla de la grandeza y de todos los grandes logros de la humanidad, entonces te preguntarás seriamente qué tan bien has aplicado todo lo que aquí se enseña.

Una historia, tal vez, podría ilustrar a qué me refiero. Iban la Virgen María y San José camino de Belén y, ante lo duro del mismo, San José mostraba ya una evidente cara de cansancio y fastidio. María, quien tampoco estaba para celebrar nada, embarazada y cansada a su vez de ir en un borrico, le dice en ese momento a San José: "Pepe, hazme un favor. Tráeme uno de esos higos de la higuera, por favor, que estoy hambrienta y ya no puedo ni con mi alma". San José, evidentemente molesto le contestó: "Mira, que te los traiga el que te embarazó, que yo estoy muy cansado".

Las personas muy brillantes sabrían inmediatamente que en la Judea de hace 2000 años no existían higueras y… Se perderían el punto de la

La Venta Social

inmaculada concepción de la Virgen. No seamos tan listos de perder el punto y no aprender nada.

¿Viste que hermosa vacunación?

¡Ah! Y la persona que me había llamado ofreciendo telefonía terminó diciéndome que sí, que la empresa valoraba mucho a los clientes nuevos, que los viejos ya no hacía falta darles más porque esos ya estaban.

¡Dios de mi santa vida! Es que me dan ganas de vomitar. En serio, ni tú ni yo merecemos semejante castigo y la profesión de ventas no merece tampoco ser rebajada a tanta miserabilidad. ¿Es que no pueden las compañías tener algo de originalidad? Es por eso que necesitamos el secreto N° 11...

Francisco Cáceres Senn

SECRETO Nº11: Atrévete a ser creativo.

11. Lo obvio Todavía está Esperando a Ser inventado.

¿Te sientes algo más creativo en este instante? ¿Se te han ocurrido ideas nuevas acerca de cómo abordar a tus clientes?

El conocimiento estimula la creatividad. Todos los seres humanos somos creativos por naturaleza. No me refiero a esa clase de creatividad que modifica la forma en que la humanidad vive y que ya hemos tocado en un secreto anterior.

Existe un estado emocional identificado por los expertos en alto rendimiento deportivo llamado "estado de flujo". Son momentos en que lo que debemos hacer sale de forma automática de nosotros, sin pensarlo, fluyendo de nuestro ser. En ese momento todo lo que hacemos es creatividad pura y, sin esfuerzo alguno, somos capaces de obtener resultados sorprendentes.

¿Estaba Art Fry en estado de flujo cuando convirtió un fallido adhesivo en el famoso post-it? ¿Estaba en estado de flujo el suizo George de Mestral cuando paseando por el campo y molesto con los cardos que se le pegaban al pelo de su perro inventó el velcro? ¿Fue en un estado de fluidez total cuando Howard Head "inventó" una raqueta de mayores dimensiones de cabeza con la que, pese a los jueces de Winbledom que se oponían a su uso sin argumentos válidos, ganó el torneo en repetidas ocasiones?

¿Son estas muestras de la genialidad humana? No lo creo. A mí me parecen más bien muestras de personas positivas, a lo sumo. Son personas que no cayeron en el mantra de que todo está inventado.

Te manejo otro ejemplo: El snowboard es uno de los deportes de nieve que más realce ha tenido en los últimos años, tanto que está desplazando a lo que se conoce como esquí, con las dos tablas en los pies. ¿De dónde nació el snowboard? Muy sencillo, tan sencillo que yo que tengo años esquiando, no entiendo cómo no se me ocurrió antes.

Era 1965 y Sherman Poppen, un norteamericano de Los Ángeles, decidió irse a pasar las vacaciones de Navidad a la Montaña. Sus hijos, por el contrario, amantes del Surf, ese deporte acuático de subirse a una tabla encima de las olas, deseaban seguir surfeando en las tan esperadas vacaciones.

Pese a todo, consiguió llevárselos prometiéndoles que esquiar sería prácticamente lo mismo. Un día, meditando en la montaña, descubrió que una montaña era como una ola suspendida, en reposo. Asoció los dos lugares, el mar y la montaña, y se le ocurrió que sus hijos podrían disfrutar igual de ambos lados con un instrumento similar y nació el "snurfer", una unión entre snow (nieve) y surfer.

¿El resultado? Ya lo sabemos, sobre todo los que tenemos que estar cuidando nuestras espaldas al esquiar por tanto loco en patineta que bajan las montañas como alma que lleva el diablo

Los mitos de la creatividad

- La creatividad es un bien escaso, otorgado por la naturaleza a unos cuantos elegidos.
- Ya no hay nada nuevo que inventar. Todo está inventado.

"Sí, estoy convencido de ello. El fin no puede tardar en llegar porque, si analizamos bien las cosas, ya se ha descubierto todo lo que había que descubrirse. Ya el hombre ha inventado todo lo que podía inventar. Eso es señal de que el mundo llega a su fin.", Milton Wright, padre de Oliver y Wilbur Wright, inventores del avión.

Todas estas cosas pueden resultarte obvias en realidad, pero ahí están esperando a que tú las inventes. Una de las creencias más nefastas que se pueden tener hoy en día es que ya no hay nada nuevo, que ya no se puede crear nada nuevo, que todo lo nuevo fue creado anteriormente y que hoy en día es mucho más difícil innovar y la realidad es que con la tecnología que tenemos en el presente sigue siendo tan fácil innovar como lo era hace 30, 40, 50 o 100 años.

Y déjame decirte que hace 30, 40, 50 o 100 años había gente que decía que también todo ya estaba inventado, así que lo obvio está esperando a que tú lo inventes.

En un estudio que se hizo entre personas que se creían creativas o, más bien, que daban resultados creativos, y otras que no los daban, se encontró que una razón por la que las personas creativas daban resultados creativos y las otras no, era porque los creativos se creían creativos.

Tan simple como eso. Se creían creativos y por eso resultaban creativos. Fuera de esta diferencia no se encontró ninguna otra.

Cómo ser creativo: 6 claves
1. Medite.
2. Pregunte y esté atento a la respuesta en cualquier forma.
3. Practique el pensamiento lateral.
4. Estudie PNL.
5. Haga cambios frecuentes en sus rutinas.
6. Créase creativo, dígalo, vívalo, siéntalo

La creatividad es una facultad que tú tienes

La Venta Social

de nacimiento, lo único que necesitas es creer que la tienes, eliminar las barreras y empezar a aplicarla porque la creatividad, como cualquier otro músculo que no se ha ejercitado durante años, se atrofia.

Lo que necesitamos es empezar a ejercitarla; duele un poco al principio, pero con esfuerzo, dedicación, paciencia y con persistencia, la creatividad se convierte en tu herramienta esencial para diferenciarte de los demás.

Y cuando estés en estado de flujo más te vale que los demás, tus clientes, lo sepan. Porque estar en ese estado y que nadie se entere es un drama helénico. Y cuando vas a hablar de ti se vuelve muy importante el siguiente secreto, el Nº 12...

SECRETO Nº12: Sé tú el cambio que quieres ver en el mundo.

"Sé tú el cambio que quieres ver en el mundo", Gandhi.

¿Tienes clientes que te resultan negativos, mal encarados o insoportables y déspotas? Bienvenido al club de los vendedores con mala suerte.

Porque yo jamás he tenido uno así. Todos los clientes que he tratado me han comprado a la primera. Algunos a quienes jamás había visto antes, me esperaban con un pedido en la mano desde la primera cita.

Desde luego, estoy siendo sarcástico. En mis treinta años de consultor en áreas comerciales cada nuevo Gerente que encontraba me explicaba con lujo de detalles por qué sus clientes, su mercado, estaba repleto de los peores, los más absurdos, ilógicos y detestables clientes que existían en el mundo. Ningún otro mercado se caracterizaba por tener unos clientes tan "prostituidos", me llegaron a decir.

Conocí a un Gerente no hace mucho tiempo que me comentaba lo siguiente acerca de un cliente en concreto, "Entiendo lo que comentas Paco, pero este cliente sí es especial. Todos en el medio lo odian, saben quién es. Hoy voy a verlo y me va a hacer esperarlo al menos una hora. Cuando me reciba ni siquiera se va a disculpar, lo conozco. Luego, sin mirarme a los ojos, me va a decir que no tiene el pedido y que pase mañana de nuevo. ¡Cómo si yo no tuviera nada que hacer!".

Si hubiera podido medirle la presión arterial y las pulsaciones a este hombre hubiera constatado un aumento en ambos indicadores desde el inicio de su relato hasta el final del mismo. Con esas condiciones, el ver al cliente y saber qué decir o hacer es altamente improbable que se dé. Soy yo el que no tengo control, no el cliente.

Ante cualquier conducta del cliente o de cualquier otra persona existe una adecuada respuesta. Pero esta respuesta estará fuera de nuestro alcance a menos de que controlemos nuestro estado emocional. Este hombre se había colocado a sí mismo en un estado emocional pésimo, incapaz de reaccionar adecuadamente ante cualquier circunstancia medianamente adversa.

Por supuesto, este Gerente deseaba que sus clientes fuesen diferentes, que cambiasen, sin cambiar él mismo. Y la solución era, es y será siempre, el cambio personal.

Te voy a compartir la regla de oro de los grandes cumplidores de metas y objetivos. Es una regla de 4 pasos que la puedes usar en todas tus metas y en todos tus objetivos de vida. No nada más es útil para cumplir tus objetivos, también lo es para ayudar a los demás a que cumplan los suyos. Y es, sencillamente, extraordinariamente simple y poderosa.

Los 4 pasos maestros del logro.

1er paso, define qué quieres conseguir. Define un objetivo válido, enunciado positivamente, concreto, preciso, medible y ecológico (que no ponga en desequilibrio las diferentes áreas de tu vida, como por ejemplo la salud y la prosperidad). Olvídate del concepto de "alcanzable" o no. Es imposible definir qué es alcanzable, qué es realista, y qué no lo es. La mayoría de las grandes cosas conseguidas por la humanidad sonaban ridículamente imposibles al principio. Con seguridad puedes lograr mucho más de lo que tú mismo o tú misma consideras imposible.

2º paso, actúa, actúa, aunque no sepas qué hacer. Richard Bandler, cocreador de la PNL, solía decir "En el mundo del futuro, hacer cualquier cosa es mejor que no hacer nada". Ahora bien, si deseas actuar con más precisión y sin jugar tanto al ensayo-error, puedes y debes estudiar el éxito. Estudia a quienes ya han logrado lo que buscas y utiliza sus estrategias ganadoras. Reducirás el tiempo y el esfuerzo necesario para lograr las metas que buscas.

3er paso, sé sensible. Ya sea que sigas tu intuición o que hayas aprendido de alguien más una estrategia ganadora, sé siempre sensible a los resultados que obtienes. Si te estás alejando de tu meta, cambia antes de sea demasiado tarde. Si te estás acercando, mantente en la misma línea. Mide el progreso durante el camino, no cuando ya es autopsia.

¿Has estado alguna vez con alguien quien, a pesar de que le mandaste cualquier cantidad de señales no verbales acerca de que lo que te está contando te interesa un rábano, te sigue contando lo mismo? No es que sea mal educado, es que es insensible. No recibe las señales y, por lo tanto, no sabe que debe de cambiar de tema. Más adelante te mostraré la verdadera diferencia entre persistencia y necedad, pero te adelanto que tiene que ver con la sensibilidad.

4º paso, sé flexible y cambia. Como decía maravillosamente Bruce Lee, el gran experto en artes marciales, "Sé agua, mi amigo. Si está en una tetera, el agua se convierte en tetera. Si está en una taza, el agua se hace taza. Sé como el agua." Y para ser flexible como el agua necesitas, al menos, tener tres opciones de conducta, de respuesta.

La Venta Social

Si sólo tienes una alternativa, se dice que actúas como un autómata; si sólo tienes dos, entonces estás en un dilema; con tres o más opciones se considera que necesitas inteligencia para decidir. Cambiar no es cuestión de capacidad, es cuestión de motivación y de tener opciones. Necesitas estar comprometido con tus metas y, además, necesitas conocer y estudiar diferentes opciones, es decir, necesitas prepararte. Se dice que la suerte es cuando se encuentran la oportunidad y la preparación.

Y si no conoces alternativas de conducta, pero ya te diste cuenta de que la que estás usando no funciona, entonces haz lo que sea que sea diferente. Si sigues haciendo lo que no funciona, seguirás obteniendo los resultados que no deseas.

Nuevas tecnologías hoy en día, como internet, permiten que tú puedas cambiar y que puedas crear y generar muchas mejores formas de hacer negocio de las que tenías hace dos o tres años.

Déjame decirte algo, si hoy estás haciendo algo que funciona, ve pensando que dejará de hacerlo, que dejará de funcionar en algún momento y, para cuando no funcione, más vale que ya tengas alternativas diferentes.

Así que date cuenta que hoy en día lo que funciona no va a tardar mucho tiempo en dejar de hacerlo, porque o una de dos: o es imitado, o es superado.

Entonces cambia permanente, no te quedes en el círculo de confort. Muévete, al menos al secreto 13, que es de lo más importante que hemos visto hasta ahora. Ya verás.

SECRETO Nº13: Agrega valor primero, antes de pedir dinero.

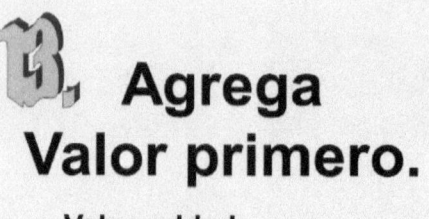

Dar primero antes de recibir es una gran aplicación del principio de reciprocidad, una de las 6 leyes Universales de Influencia que estudiamos en un secreto pasado. Pero va más allá de dar esperando recibir.

La raíz etimológica de la palabra "vender" es la misma que la de la palabra "servir". En el pasado, vender y servir eran casi sinónimos, indicaban lo mismo. En algún momento del presente estas dos palabras han llegado a trabajar tan separadas que lo que te cuento probablemente te suena a mito prehistórico.

También en el pasado, no hace falta ir más allá de los griegos, los representantes del pueblo eran solicitados por el mismo pueblo, quien les pedía que les representase en base a sus enormes dotes intelectuales y éticas, en base a sus probadas aptitudes de servicio. En la actualidad tenemos que pedirles a los políticos que ya dejen sus cargos y se vayan a descansar.

Las cosas cambian. Pero lo que no cambia es que el mundo paga con creces a los que agregan valor. Verás, no somos pagados, no ganamos dinero, en función de cuánto trabajamos, sino en base al valor que aportamos a la sociedad. Y para que la sociedad sepa, antes de comprarte, el valor que agregas, debes de crear una manera de dar valor sin pedir nada a cambio.

La estrategia de regalar algo de tu producto o servicio para que te conozcan no es nueva, desde luego, pero hoy en día, con personas tan vacunadas a todo, con tanto escepticismo saturando la mente de los consumidores, se hace imprescindible.

Es importante entender específicamente qué significa agregar valor primero. Y, como los demás secretos, no aplica solo para las ventas, lo es también para cualquier persona que encuentres en el mundo en que vives.

¿Has ido alguna vez a un supermercado? Me imagino que sí. Y si has ido, lo más probable es que en alguna ocasión se te haya acercado alguna simpática señorita o señor que te ofrece probar un pedacito de su, digamos, queso, por ejemplo.

La idea es que al probarlo descubras que es el mejor queso que existe y decidas llevártelo a la casa. Un 85% de las personas que lo prueban lo llevan.

Sin embargo, la historia no es tan simple como esta. La realidad es que, llevados del Principio de Reciprocidad, los seres humanos somos prácticamente incapaces de rechazar algo después de un regalo, y esa es la principal razón por la que lo compramos, por compromiso. El 70% de las personas que lo compran lo encuentran mucho menos sabroso al llegar a sus casas, toda vez que el principio de reciprocidad perdió su efecto, y no lo vuelven a comprar.

En realidad, estos productos no han agregado valor, sino que han usado un principio de relaciones humanas más antiguo que la humanidad: el agradecimiento.

Agregar Valor Primero va a generar el mismo compromiso, pero sin quererlo. AVP es servir, en toda la extensión de la palabra, e implica dar una prueba de lo que tú haces o vendes llena de valor, valiosa por sí sola. Es decir, el cliente ganó algo concreto y no sólo sabe mejor lo que haces o vendes.

Muchos sitios web, aplicaciones, programas en la nube, etc. Usan este principio en la forma de lo que se conoce como un "freebe", es decir, una opción gratuita. Y los que sistemáticamente obtienen permanencia y logran mantenerse en el tiempo en un mundo tan vertiginoso como el de Internet son aquellos que ofrecen un producto gratuito que es valioso por sí solo. Pasarse a uno de pago vendrá con seguridad con el tiempo, al probar las bondades de lo que ofreces sin coste.

"Pero si no cobro lo que hago, entonces voy a quebrar", te escucho preguntar. Déjame planteártelo de otra forma. Si no creas una forma gratuita para que los clientes prueben las mieles de tus servicios o productos, vas a quebrar.

Ahora bien, uno de los secretos del "dar" está en dar de tal modo que lo que das sea recibido. Porque, ¿de qué sirve crear un regalo extraordinario si las personas a quienes se lo damos no lo quieren recibir? No recibirlo les libra del compromiso de hacer algo después. Muchas madres recomiendan a sus hijas "Hija mía, no aceptes regalos de cualquiera".

¿Cuál es el más grande secreto de saber dar algo genuino? Ofrecerlo justo después de **haber desarrollado una relación personal sobre la base de la confianza**. Algo que muchas personas pensarán que lleva años de arduo trabajo y esfuerzo.

Nada más lejos de la realidad. De hecho, se puede generar una relación de confianza suficientemente fuerte para recibir un regalo de alguien en unos cuantos segundos. Verás, segundos es lo que tarda el inconsciente en saber si puede o no confiar en alguien. Cualquier persona pensaría que hacer amigos lleva años y tendría razón.

UNA RELACIÓN NO ES UNA AMISTAD. Una relación es abrir una puerta de comunicación entre dos personas que confían en sí mismos mutuamente, que han perdido el miedo a recibir un daño del otro.

Y, ¿cómo se consigue que en unos segundos un par de personas desarrollen lo que coloquialmente denominamos química? Con un descubrimiento que realizaron Richard Bandler y John Grinder y que es que, cuando dos personas se entienden muy rápidamente es porque ambas fisiologías, ambos tonos de voz y ambas palabras, o al menos uno de los tres aspectos mencionados, **COINCIDEN**, es decir, son semejantes.

Una vez que observas cómo usa la persona con la que estás comunicándote su fisiología (su cuerpo, gestos, movimientos, tensión, etc.), como modula su voz y qué palabras usa con más frecuencia, puedes intencionalmente usarlas tú mismo. Es decir, ponte en su misma postura, usa un tono de voz similar y usa sus mismas palabras.

Como por arte de magia te encontrarás en una situación en la que las barreras defensivas naturales de cualquier persona se caen en pedazos, cual muro de Berlín.

Es entonces cuando las sincronicidades se dan hermosamente en automático, las relaciones encuentran un sentido más allá de las explicaciones naturales y nuestra profesión, la de servir, se nos aparece como exactamente lo que hemos nacido para hacer.

¿Por qué funciona esta técnica llamada "Igualar o reflejar"? Funciona porque nuestro inconsciente, desde hace ya varios miles de años, utiliza lo que percibe para determinar si las personas que nos encontramos en la vida son amigos o enemigos. Tal vez en pleno siglo XXI no tenga tanta importancia, que la tiene sin duda, pero hace varios cientos de años esta percepción del inconsciente fue la que mantuvo con vida a nuestros ancestros.

Al percibir una persona que se mueve y habla como nosotros, determinamos que es más o menos parecido, que se puede confiar en él o ella y que, por lo tanto, "es tan inteligente como yo".

Vamos, alguien de quien sí puedo recibir un regalo.

Personalmente, he estado en reuniones de varias personas, por ejemplo, yo y dos compañeros más visitando a un cliente, en las que me ponía intencionalmente a "imitar" la postura del cliente y en unos instantes parecía literalmente que los únicos presentes en la reunión éramos el cliente y yo.

Cuando te colocas en la postura corporal de la otra persona, literalmente entras en su mundo, descubres cómo se siente y desarrollas un nivel de empatía imposible por ningún otro medio.

Y tú, el que imita la postura, al mismo tiempo permites que la otra persona entre en tu mundo, sepa cómo te sientes y, de alguna forma, **te vuelves vulnerable**. Y ser vulnerable no te da ningún miedo, por lo que tu ausencia de miedo se contagia a la otra persona quien confiará en ti irremediablemente.

Cuando entras en el mundo de la otra persona es cuando estás en posición de servir, de poder mejorar la vida de los demás. Y, de nuevo, no solamente la vida de los clientes es la que podemos influir y mejorar, sino la vida de cualquier persona que nos acompaña en este viaje.

Recuerda que más allá del momento presente no existe nada. Puede ser que estés deseoso de que ese cliente te firme un contrato, te ganes una comisión o un ascenso en el trabajo, pero eso puede que nunca llegue, por razones obvias. Lo único que quedará será ese magnífico momento de conexión.

Darle la dimensión original de "servir" a la profesión de vender, te llevará directamente a uno de los secretos humildemente más importantes de la vida. Y digo humildemente porque parece que no se come ni una mosca, pero revolucionará tus resultados en ventas, en tus relaciones, en tus finanzas y en tu vida personal a niveles que no te imaginas. Este secreto es el N°14...

La Venta Social

SECRETO Nº14: No asocies sentimientos con resultados.

No asocies sentimientos con resultados.

Sé feliz, pase lo que pase

¿Qué te hace feliz? ¿Conseguir una firma de un contrato? ¿Vender mucho? ¿Superar tus metas de ventas? Parece lógico que así sea ¿verdad?

Pues no lo es. Es socialmente normal, pero es disfuncional y vivir así no te permitirá jamás tener ÉXITO.

Érase una vez un hombre menudo, no muy alto, a quién a pesar de sus evidentes deficiencias físicas le gustaba tanto el boxeo que decidió hacer una película sobre el tema.

No solamente decidió hacer la película, sino que sin experiencia previa como director, ni productor, ni actor y, ante la negativa de diversos estudios, cerca de trescientos, para producírsela y distribuirla, decidió también dirigirla, actuarla y producirla él mismo con sus muy limitados también ahorros.

La Venta Social

Silvester Stallone, como así se llamaba el atrevido emprendedor fílmico, consiguió que su película, Rocky, tuviese tanto éxito que hasta la fecha seguimos viéndolo o pelear a puño limpio o disparándoles a quemarropa a todos aquellos que le dijeron que no en sus primeros días.

¿La clave? Jamás permitió que los noes le hiciesen sentir mal.

Uno de mis clientes se expresaba así ante un contrato firmado que acababa de conseguir: "Estoy feliz, me acaban de comprar un programa". Su jefe, quien tampoco separaba emociones de resultados, le preguntó "¿De cuánto es el contrato?". "De 85 mil dólares", contestó mi amiga. "Entonces debes estar MUY FELIZ, no un poco, mucho".

Por eso la gente se suicida cuando no vende. Me impresiona y no deja de asombrarme qué tan lejos hemos ido de nuestros principios. No nacemos para vender, nacemos para ser felices. Y lo uno no implica lo otro. De hecho, nada es necesario para ser feliz, solo la voluntad de serlo.

Pero no creas que estoy siendo místico o algo parecido. Nada de eso, se trata de una cuestión de desempeño personal. Mira la siguiente gráfica:

Autorregulación- Ciclo del éxito

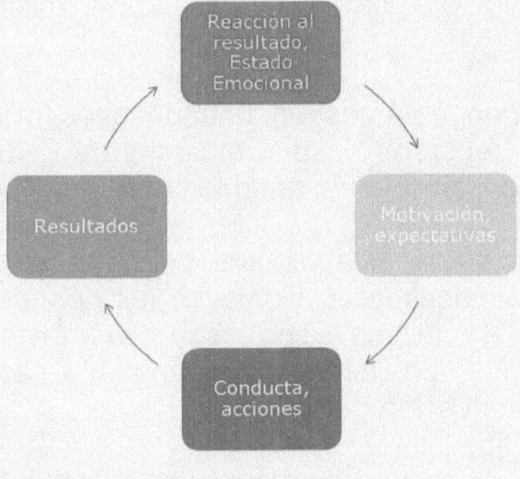

Esta imagen muestra lo que significa literalmente la segunda característica de la Inteligencia Emocional, la **Auto regulación**[1].

Ante las diferentes situaciones que la vida nos presenta nosotros reaccionamos en función de los recursos de los que disponemos. Pero estos recursos sólo estarán disponibles si nuestros estados emocionales lo permiten.

---

[1] Inteligencia Emocional, Daniel Goleman

Nos podemos encontrar en un estado "estúpido", en esos en los que no recuerdo mi número de teléfono u olvido el nombre de aquella persona tan importante que me habían presentado una semana atrás y que me había jurado a mí mismo que recordaría.

Cuando estamos en uno de esos momentos nuestros recursos se encuentran, digamos, secuestrados, por decirlo amablemente.

Pero estos estados son solo un ejemplo de estados incapacitadores, como se les conoce. Otros estados del mismo tipo son la tristeza, la preocupación, los nervios, la angustia, etc. Son estados de privación de recursos.

Cuando en uno de esos estados voy a una cita con un cliente, o con mi mujer que lo mismo aplica, y suceden imprevistos que requieren de mi agilidad mental, mis recursos secuestrados me resultarán insuficientes para salir airoso del asunto. Tendré un inadecuado resultado, pudiendo haberlo tenido adecuado. Es por eso que al estar yo fuera de control emocional, mis resultados también lo están.

Mis estados emocionales controlan mis motivaciones y generan mis expectativas, las que, a su vez, controlan mis conductas y respuestas, las que son la causa fundamental de mis resultados, los que me hacen sentir bien o mal cerrando así el ciclo anterior de la gráfica.

Si no me siento bien por el motivo que sea, mis motivaciones y expectativas están bajas con lo que se deduce que mis conductas o respuestas serán inadecuadas y así sucesivamente con mis resultados, lo que me hará sentir mal de nuevo, entrando en un ciclo interminable de mal estar y malos resultados. Un círculo vicioso.

Si quieres cambiar de círculo vicioso a círculo virtuoso necesitas controlar tus emociones. No necesitas que pase nada especial para sentirte bien. Has aprendido a hacer estas asociaciones desde que eras niño, pero no tienes que seguir repitiéndolas de ahora en adelante.

¿Cómo controlas tus emociones? Las induces en ti mismo. Usas tu cuerpo para moverte con alegría, recuerdas momentos del pasado en los que estuviste alegre o poderoso y lo haces antes de ver a tu cliente. Si puedes elegir entre poner en tu mente una imagen depresiva o una imagen positiva, escoge esto último. Te aseguro que lograrás mucho mejores resultados.

Hagamos rápido un ejercicio. Piensa en algo triste o molesto que tenga poco de haberte pasado. Nada dramático ni que sea el fin del mundo. ¿Ya? Perfecto, ahora sube tus hombros y mueve tu cabeza mirando al techo al mismo tiempo. Vamos, que te estoy viendo y sé que no lo estás haciendo. Hazlo, por favor. Hombros arriba y cabeza mirando al techo. Ahora pon la sonrisa más estúpida que puedas. No te conozco, pero sé que puedes ponerla. Vamos, un poco más estúpida, por favor. ¿Ya? Bien. Ahora, sin mover un solo músculo, trata de poner de nuevo en tu mente la experiencia negativa anterior. Inténtalo sin mover un músculo, manteniendo tu postura y esa sonrisa tan especial que tú, y solo tú, sabes poner.

¿Puedes? Si eres de este planeta y como la mayoría de las personas a quienes les pido que hagan este ejercicio, no, no puedes. ¿Por qué? Muy sencillo, por la unión mente-cuerpo que existe en todos nosotros. Nuestro cuerpo controla nuestra mente y nuestra mente y todo lo que en ella representemos se ve reflejado inmediatamente en nuestro cuerpo. Tú controlas tus emociones.

Que pase lo que pase, tú te sientas siempre bien y en control porque eso te permitirá tener resultados extraordinarios en todos los aspectos de tu vida.

Y, ahora que estás en control y tú decides que no te conformarás con nada menos que con lo que estipula el secreto Nº 15.

SECRETO Nº15: Consigue solo negociaciones ganar-ganar.

Consigue solo negociaciones ganar-ganar

Roberto miraba los hallazgos del diagnóstico y, mientras murmuraba cosas que no entendí, tomó los papeles de la mesa, los hizo a un lado y mirándome fijamente me preguntó: "¿Cuánto cuesta?".

Sin perturbarme un ápice le contesté rápidamente. "Al cliente lo que pida", pensé. Le dije la cantidad que ya había yo calculado previamente. Me miró de nuevo y como si quisiera que nadie nos escuchara, tonto, porque estábamos solos en su despacho, me dijo "Cuánto para los amigos".

De nuevo y sin pestañear le contesté "Es lo que te acabo de dar. La de los enemigos te la calculo enseguida, si quieres".

Ahora su sonrisa era más bien del tipo nervioso que no sabe muy bien qué decir, sin embargo, insistió en su solicitud: "Vamos, tú me entiendes, que cuánto es lo menos".

"Justo lo que te mencioné. Es lo menos. Si hubiera podido menos que eso ya te lo hubiera dicho. Mira, yo no te estoy vendiendo un proyecto, te estoy vendiendo confianza. ¿Qué pensarías de mi si te doy un coste y minutos después te lo rebajo? Yo pensaría que ese consultor me estaría engañando, me estaría tratando de sacar lo máximo posible. De la misma forma que no pienso rebajarte los resultados económicos que hemos identificado y que vamos a lograr, tampoco puedo rebajarte el coste porque dañaría el resultado final. Tus mangueras (fabricaban y vendían mangueras) cuestan lo que cuestan porque valen lo que valen".

Y no le bajé un quinto. Mantuve mi precio y aumenté el valor percibido. Una relación ganar-ganar. Los clientes no compran lo que las cosas cuestan, compran lo que las cosas valen y si valen más de lo que cuestan, entonces han hecho un buen negocio.

Si yo lo vendo en 10 y mi cliente quiere pagarlo en 8, porque evidentemente no percibe el valor de 10, y lo dejamos en 9, esa es una negociación perder-perder.

Vende valor, no precio. Y lo mismo aplica para un matrimonio. Si el valor que percibe el cliente no es suficiente piensa en cómo aumentarlo. Vender precio lo hace cualquiera y tú no eres cualquiera. Trabajas mucho y bien, y un aspecto que te ayudará a darle valor a lo que sea que haces es el secreto N° 16.

SECRETO Nº16: Las Redes Sociales y la Venta Social

Olvidarnos de las Redes Sociales en un libro que habla de vender en el siglo XXI no tendría sentido. Como tampoco lo tendría escribir un tratado acerca de el mismo asunto.

El vendedor social domina las RRSS (Redes Sociales) y tiene en cuenta que la socialización ya no se da únicamente de persona a persona. Cualquier persona con un mínimo de inquietudes buscará tu nombre inmediatamente en un buscador de Internet y es probable que lo que encuentre vaya desde "nada" hasta un montón de referencias y todas distintas.

Existen muchas redes sociales y para cuando este libro cumpla un año de publicado existirán muchas más, nuevas y misteriosas. Pero sin importar en qué RRSS aparezcas, es importante considerar lo siguiente:

1. Presencia profesional. Si necesitas usar las RRSS para aspectos personales, fenómeno. Necesitarás crear entonces una página profesional. En casi todas las RRSS es perfectamente posible tener en la misma cuenta ambas presencias, la personal y la profesional. En una dirás unas cosas y en la profesional otras muy diferentes. ¿Cuántas RRSS son suficientes? Los expertos recomiendan al menos las 3 más importantes. Los humanos somos animales de costumbres y nos guiamos por un principio que ya has estudiado llamado prueba social. Tenderemos a usar todos las mismas RRSS porque otros ya lo han decidido y por lo tanto yo ni lo dudo. Además, ten en cuenta la curva de experiencia que todos vamos adquiriendo conforme usamos las diferentes RRSS. Aprendernos una nueva cuando ya dominamos la vieja requiere tiempo y esfuerzo y no tenemos ninguno de los dos.
2. Consistencia. ¿Dicen todas las referencias tuyas en RRSS lo mismo? Si no, date prisa en cambiarlas. No hay nada que más desconfianza genere que encontrar información diferente de la misma persona. Alguna es falsa y si algo es falso, tu eres poco confiable. Adicionalmente, la consistencia se logra también con publicar en todas las RRSS con cierta frecuencia de forma que tengas presencia continua. SI no sabes qué poner, usa lo que otros expertos hayan puesto y

publícalo en tus páginas dándoles crédito, por supuesto.
3. Usa la regla del "tú primero". Como ya debes de saber, al cliente no le importas tú, solo le importa él mismo. Además, lo que tratamos por todos los medios es que perciba que él, o ella, es el más importante del mundo. Todo lo que escribas en tus RRSS profesionales debe de reflejar lo que hay de beneficios para tus clientes o futuros clientes. Al contrario que en las RRSS personales, en las profesionales no importa qué has hecho o a dónde has ido. Solo importa si eso representa un beneficio para alguien y asegúrate de que ese beneficio quede muy claro. Si suenas a pretencioso o a que estás presumiendo, como es normal en las RRSS personales, perderás al cliente, de la misma forma que perdemos amigos pero no importa porque eran virtuales. Perder clientes si importa, créeme.

Las RRSS son una prueba de paciencia, de sorpresas y de incongruencias. Requieren de persistencia, consistencia e inteligencia. Si te rindes, siempre puedes contratar a un experto que lo haga por ti o, ya que estamos aquí, leer el siguiente capítulo que habla precisamente de cómo no rendirse jamás.

Francisco Cáceres Senn

SECRETO Nº17: Nunca te rindas demasiado pronto.

Nunca te Rindas Demasiado pronto.

Recuerdo la historia de un señor Derby de Chicago, cuando la fiebre del oro de Estados Unidos, que hizo una especie de sociedad con personas adineradas de su pueblo para explotar, y aprovechar verdaderamente el momento en California con tecnología moderna. Derby les propuso comprar un terreno y les dijo "Si lo explotamos con maquinaria moderna vamos a sacar mucho mejor rendimiento que todas las personas que llegan con un pico, una pala y un burro".

Efectivamente estas personas creyeron en sus palabras e invirtieron en el equipo, compraron el terreno y se fueron a explotar la tierra comprada. Tal y como estaba predicho encontraron oro, y mucho. Empezaron a pagar todas las deudas que tenían y cuando más o menos habían liquidado todas sus deudas, de repente se agotó el oro.

Siguieron escarbando por aquí, y por allá, buscaron por el otro lado, un lado y otro más y sin embargo, no volvieron a encontrar oro, y pensaron: "ni hablar, por lo menos no perdimos dinero; no fuimos capaces de hacernos ricos como queríamos, pero por lo menos no perdimos".

Lamentablemente para estos señores que vendieron el terreno y para Derby, el geólogo que lo compró encontró oro a un metro de donde habían dejado de escarbar, ¡a un metro! y encontraron la beta de oro más grande de la Unión Americana; esta historia es verídica.

A Derby casi le da un ataque al corazón cuando se enteró de que a un metro de donde habían dejado de escarbar, a un metro de donde se habían rendido, encontraron una beta de oro que los hubiera hecho ricos para siempre. Esta fue una lección que nunca olvidó.

De hecho, Derby se convirtió en un empresario muy próspero porque aplicó la regla de un metro, es decir, siempre que veían que en una situación específica un plan o una estrategia estaban resultando difíciles, la forma en que él animaba a su gente y se animaba así mismo era: "No me voy a rendir porque qué tal que esté a un metro".

Nunca te rindas demasiado pronto, recuerda la historia del metro y de que nunca sabes qué tan cerca estás.

¿Quieres saber la diferencia entre persistencia y necedad? La diferencia es el EGO. Verás, el EGO te va a hacer luchar por cosas que los demás vean bien, que les impresione, aunque a ti no te sea beneficioso en modo alguno. Aunque no lo creas las personas hacen cosas de este tipo todo el tiempo. Compran un coche porque es el que se espera que compren, se visten de forma que los demás piensen que les va bien, etc.

Una persona, tal vez conozcas alguien así (íntimamente), puede estar luchando por algo sin descanso por la simple razón de evitar que los demás piensen que es mediocre o poca cosa. Por el qué dirán, más que porque salga de su corazón. Eso es necedad.

Es persistencia cuando descubres tu pasión y alcanzarla le sirve al mundo, tanto que estarás ahí hasta lograrlo o morirte. Eso es persistencia.

¿Ves? La diferencia no está en lo que hacemos sino en lo que guía nuestros actos, en lo valioso del objetivo y en el valor que proporcionamos a los demás.

Si llegaste hasta aquí, y no todo el mundo lo hace pues el 90% de las personas que compran un libro jamás lo terminan, quiere decir que tienes la persistencia necesaria para lograr lo que te propongas. La persistencia te permitirá lograr la ayuda de los demás, porque difícilmente lo lograrás solo. Necesitas que el mejor vendedor de tu equipo esté de tu lado, justo como plantea el secreto Nº 18.

La Venta Social

SECRETO N°18: Quién es el mejor vendedor de tu equipo.

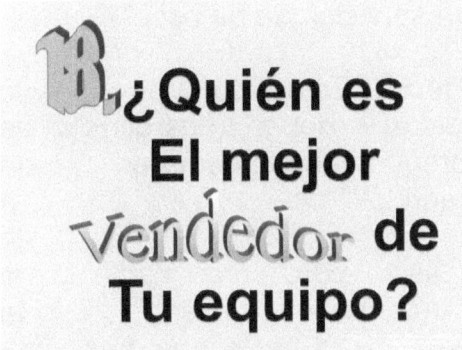

De la misma manera que cuando pregunto: "¿Quién es la persona más importante del mundo? Tú o tu cliente", me contestan que el cliente, cuando hago esta pregunta la gente me suele contestar que el mejor vendedor del equipo, son ellos mismos. Y están más equivocados que Colón buscando las Indias.

El mejor vendedor de tu equipo es…EL CLIENTE.

Cuando tú estás hablando acerca de ti y lo haces sin la técnica correcta, estas fanfarroneando, pero cuando los demás hablan de ti, es una prueba. Si te vas a casar y eres hombre o mujer, por ejemplo, y quieres convencer a tu pareja de que tú eres la mejor opción que tienen, llévale a tus otras parejas para que sean tus otras parejas las que hablen por ti. ¡Por supuesto es broma!

Desde luego, no es algo que te recomiende hacer, pero ¡piénsalo!, ¿es lógico que tú hables mal de ti? ¿Es esperable que tú le digas al cliente tus debilidades? ¿Es esperable que el cliente te diga: "¿Tienen ustedes buen servicio?" y tú le contestes "¡No!, aunque nuestro folleto dice que sí lo tenemos, la realidad es que es un servicio que da asco"?

¿Eso le vas a decir? Estas son las que yo denomino preguntas idiotas y deberíamos eliminarlas de nuestra vida. ¿Le preguntarías al camarero "¿Está rico lo que me está sirviendo?"

"No señor, es un asco, pero como nadie lo ha comido, el día de hoy tenemos que sacarlo". ¿Eso te va a decir el camarero? ¿Eso es lo que nos va a comentar? Cuando preguntamos a alguien después de varios años de casados, "¿Me quieres?" ¿Qué nos va a decir? "Hace tiempo que no, pero la costumbre, ya sabes".

Por favor.

¿Qué le vamos a decir al cliente de nosotros? Claro que le vas a decir con toda tu congruencia lo bueno que eres y acompaña tus auto halagos con clientes hablando bien de ti.

Consigue testimonios o, directamente, pídele a tus clientes que estén dispuestos a hablar bien de ti con otros clientes. Podemos decir que la verdadera venta termina cuando conseguimos esto, y se llama lealtad.

En una ocasión un cliente de Monterrey, una ciudad muy industrial del norte de México, me decía "Dame nombres de personas con quienes no has tenido buenos resultados". Sin inmutarme le contesté rápidamente un rotundo "No". Y le dije "Te daré sin dudarlo nombres de personas con quienes hemos tenido un gran proyecto, porque son a ellos a quienes quieres imitar". "Y claro que los hay", continué, "pero no es relevante, no vamos a usar tiempo en saber por qué los proyectos no salieron como se esperaba. Lo que importa es si somos capaces de hacer nuestro trabajo bien no solamente en uno, sino en varios más, como es el caso".

Puede ser que estés pensando que le he vendido a todos los clientes que tenido delante o que te quiero dar esa idea. ¡Nada más lejos de la verdad! Claro que he tenido noes.

En este libro solo te cuento los clientes que me han comprado y cómo los llevé a una negociación ganar-ganar y a una relación personal, con muchos de ellos, que ha transcendido el tiempo y el espacio, porque son estas situaciones las que quieres imitar. Es sentido común, como el secreto N° 19, nada más que sentido común. Si no me crees, velo tú mismo.

La Venta Social

SECRETO Nº19: Saluda a tus clientes como saludas a tu mascota.

Piensa en la siguiente escena: Llegas a tu casa (asumamos que eres hombre, por ejemplo), llegas a tu casa y ves a tu esposa y le dices: "Hola amor ¿Cómo estás?" y en ese instante aparece tu mascota, dejas de hablar con tu querida esposa y, viendo directamente a la mascota, le dices "Ven acá con papito, preciosura de perro. ¿Quién es el perro más amado? A que tú, a que tú" y todo con un tono de voz verdaderamente ridículo pero cariñoso. ¿Entiendes el punto?

El punto es que saludas a tu mascota mejor que a tu familia, ni hablar de la esposa y ni hablar de los hijos.

Cuando saludes a un cliente, salúdalo como si realmente estuvieras saludando a tu mascota, con todo el gusto que eso te da. Y después de saludarlo ¿Cómo lo tienes que tratar? En el secreto 20 te cuento cómo…

La Venta Social

SECRETO N°20: Trátalo como si trataras a una celebridad.

Imagínate que eres mujer la que me estás escuchando, y que estás atendiéndome y que en ese instante llega una persona, un actor famoso, una celebridad, por ejemplo, Mel Gibson. ¿Le dirías a Mel algo así como *"Permítame un momento señor Gibson, pero estoy atendiendo al Señor Cáceres en este instante. Si quiere, regrese mañana y lo atiendo con gusto."*?

¿Así le harías? No te creo. ¿Qué sí harías? Me mirarías con toda la emoción posible en tu cara y voz y me dirías "Paco, permíteme, pero ¡llegó Mel Gibson y tengo que atenderlo!"

Te aseguro que yo nunca te haría eso, pero te entiendo si tú lo haces porque Mel Gibson es una CELEBRIDAD.

Y es exactamente, así como los clientes quieren ser tratados, como celebridades. Créeme que, en ese momento, lo único que cuenta es estar con ese cliente, es un momento único en el que el Universo te hizo coincidir con alguien para mucho más que una simple venta.

No es por el dinero que le vas a sacar, ni por el tamaño del pedido o la compra. Es porque, en ese instante, es literalmente la persona más importante del mundo, es decir, una celebridad. Y están juntos para mejorar sus vidas, ambos.

Si juntas el secreto 19, el 20 y el que sigue, entonces ya sabes cómo tratar a los clientes. O a tu familia, o a tus amigos o a tu pareja. Son el elenco de la película de tu vida, de la que tú eres el protagonista principal. Te felicito.

SECRETO Nº21: Habla con los clientes como si fueran tu abuela.

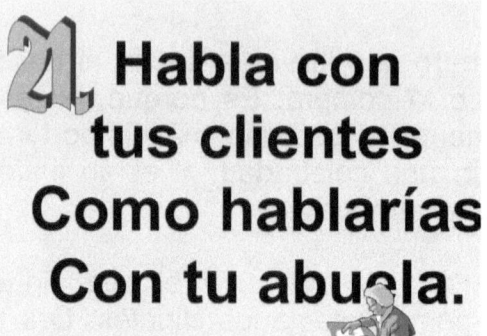

Habla con tus clientes Como hablarías Con tu abuela.

¿A qué me refiero con esto?, a que hay muchas cosas que no le dices a una abuela. A tu abuela no se te ocurre decirle: "No puedo hacer eso abuela, porque es la política de la empresa" o "Nosotros no enviamos a domicilio abuela" o "Yo no trabajo los sábados, abuela".

Tu abuela te va a ver con sus ojos hermosos y cariñosos pero firmes y te va a decir "Cállate nieto y ponte el abrigo, que hace frío. Y ya te he dicho que no salgas con esos amiguetes, que no pintan nada bien. Ah, y a mí me importa un rábano que el sábado no trabajes. O, ¿esperas que tu abuela esté aquí para siempre? Porque eso no va a pasar, nietecito. Cuídame mientras me tengas".

Ponle la palabra "abuela" después de cada frase que le vayas a decir al cliente. Ponle mentalmente la palabra abuelita y si no cuadra, entonces no se la

Lo opuesto De respuestas Son excusas.

digas. No le digas a un cliente algo que no le dirías a tu abuela, porque déjame decirte y anótalo profundamente, lo opuesto de respuestas, son excusas.

Y con los clientes, y con las abuelas, más vale tener en cuenta el secreto 22, que es, en mi experiencia, uno de los menos entendidos de todos los secretos de este libro. Por lo menos, es lo que más veces me han transmitido la mayoría de las empresas con las que trato como cliente en la actualidad. Si no, dime si a ti no te pasa lo mismo.

SECRETO Nº22: Nunca cuesta tanto resolver un problema como no resolverlo.

Nunca Cuesta tanto Resolver un Problema como No resolverlo.

Llevé un abrigo a una tintorería cercana a la casa, hará ya unos 15 años. Una semana después, conforme a lo esperado, pasé a recoger la prenda, supuestamente ya limpia.

Al llegar a la casa la colgué sin revisar nada en el armario, pero al ir a ponérmela una semana después, al quitarle la funda de plástico que le habían puesto en la tintorería descubro que la mancha con que la había llevado había regresado conmigo, a su hogar. Estaba todavía en la prenda, vamos.

Sin dudarlo un instante regresé al negocio a pedirles me resolvieran el problema. Me di cuenta de inmediato que ya no tenía el recibo, pero como la prenda conservaba todavía todas esas etiquetas fastidiosas que le ponen para no perderle el rastro durante el proceso de limpieza, no pensé que hubiera problema.

Pensé mal. "¿Trae la nota?", me dijo con cara de fastidio la empleada. Justo como imaginas, le dije que no, que la había perdido pero que resultaba evidente que la prenda no había sido usada y que había salido de esa tintorería y no de ninguna otra.

Entonces, procedió a decirme con más fastidio todavía que la política de la empresa era que sin nota no se atendían reclamaciones. Insistí. Le pedí que, con mis datos, revisase las notas de la semana. Lo hizo de mucho peor modo todavía. "No lo encuentro", dijo después de revisar solo por encima un montón de notas que tenía a su lado. Ya no esperé más. Le dije "Quiero que me comunique con su jefe, por favor".

"No está". Contestó la sin vergüenza. A estas alturas yo ya había decidido no regresar nunca más, pero seguí solicitando hablar con el gerente estuviera donde estuviera.

Para hacerte el largo cuento corto, la energúmena localizó al Gerente, hablé con él y el mismo Gerente ¡me volvió a repetir que sin nota no aceptaban reclamaciones!

A ver, entiendo que hay clientes abusivos, que tratan de aprovecharse de las buenas intenciones de muchos comerciantes. Si esta señorita hubiera dedicado algo más de tiempo revisando las notas se hubiera dado cuenta de que yo era un cliente regular, casi de cada semana, porque hubiera encontrado varias mías.

No regresé nunca más. Haciendo cuentas, nunca les hubiera costado tanto resolver el problema como no resolverlo

Las estadísticas dicen que una persona enojada por un maltrato, por un mal servicio lo recuerda años después de que este sucedió y se lo cuenta al menos a otras 10 personas. Te estoy hablando de algo que pasó hace 15 años y aún lo sigo contando como un ejemplo de maltrato, porque yo no olvido un mal trato de un proveedor. Nunca.

Existen mucho mejores maneras de obtener lealtad en los clientes. Pero claro, eso requiere de otro secreto aparte, el N° 23. Con el siguiente secreto y aunque solamente sea este el único que apliques, puedes construir un imperio, aún con un producto mediocre. Créeme.

Francisco Cáceres Senn

SECRETO Nº23: Concéntrate en lealtad y la satisfacción se dará por descontado.

Concéntrate En lealtad y La satisfacción se Dará por descontado.

Es tan frecuente que estemos oyendo: "satisfacción del cliente", "el cliente satisfecho" y no nos damos cuenta que los clientes satisfechos son temporales.

Un cliente satisfecho se satisface la siguiente vez con más, y la siguiente vez con más y cuando no le demos más, entonces va a buscar a otro que los satisfaga; la gente se cansa de recibir un servicio de la misma forma todo el rato.

Los seres humanos nunca nos conformamos con lo mismo todo el tiempo. Llega un momento en que no lo apreciamos igual y buscaremos algo más. Es una aplicación del principio de contraste que ya estudiamos en un secreto anterior. SI no recuerdas las 6 LUI, regrésate y vuélvelas a estudiar ahora, por favor.

Lo que pasa es que valoramos las cosas o los sucesos en comparación con algo más. Al principio, comparo con lo que estoy viviendo y algo nuevo puede ser tremendamente satisfactorio, es decir, superior a lo que estoy viviendo en este instante. Pero después de un rato comparo con lo que estoy recibiendo y si no es mejor, cada día que pasa empieza a parecerme más y más deficiente, aun siendo exactamente igual a lo que siempre he vivido.

Recuerdo en los primeros años de trabajo en Proudfoot, mi primer trabajo como consultor, en los que la empresa se encontró con un problema fiscal al no poder deducir ni justificar la mayoría del dinero que nos daba para gastos de alimentación, hospedaje o viajes.

Lo cierto es que nosotros como empleados llegábamos a ganar con frecuencia más dinero del que nos sobraba de los viáticos que del sueldo mismo. Como era de esperar, la empresa, ante el problema fiscal, redujo drásticamente la cantidad que nos daba para este concepto.

Como consecuencia, yo y todos mis compañeros empezamos a ganar la mitad. El descontento no tardó en ser generalizado y la desmotivación pronto hizo presa de muchos de mis compañeros, quienes optaron por dejar el trabajo o quedarse en una queja continua, que no sé qué es peor.

Mi jefe me pidió por esos mismos días entrevistar a nuevos candidatos para ocupar los puestos que habían quedado vacantes. Al momento de mencionarles cuánto otorgaba la empresa para gastos de viáticos, y recuerda que yo ya les daba la nueva y menguada cantidad, me miraban sorprendidos de la generosidad de la empresa. Aceptaban encantados las condiciones de trabajo y estaban dispuestos a trabajar de manera inmediata. Y mira que el trabajo les pedía viajar lejos de su hogar y sus mujeres o esposos (nunca supe qué les motivaba más, si la separación de sus parejas satisfactorias o los retos del nuevo trabajo).

El punto es que ellos, los nuevos candidatos, no tenían la misma base de comparación y se les hacían grandiosas las condiciones de trabajo que les ofrecía.

Acababa de descubrir el poder del Principio de Contraste, un principio que usaría posteriormente en muchísimas ocasiones logrando resultados sorprendentes la mayoría de estas. De hecho, usé este principio en la introducción de libro y en varias ocasiones más, pero seguro ya te diste cuenta.

Los empleados anteriores estaban satisfechos, pero no eran leales. La lealtad hará que las personas hagan cosas extraordinarias por mantenerse a tu lado.

Tenemos que concentrarnos en lealtad y no en satisfacción. ¿Cómo se consigue lealtad? De dos maneras: Toma nota:

Manera No.1. Entrega más de lo prometido. Consistentemente entrega más de lo prometido.

Manera N.2. Cuando falles, no te preocupes porque el fallo es humano, pero cuando falles haz por corregir el fallo más de lo propio que se haría, más de lo que sería lógico, más de lo que sería congruente, más de lo que sería racional. Sé irracional a la hora de corregir los fallos, eso es lo que genera lealtad en los clientes.

Cuando compro algo, no sé si la empresa realmente aplicará la garantía ofrecida, lo sabré hasta que la necesite.

Yo no sé si una compañía de seguros funciona hasta que lamentablemente tuve un incidente, y es entonces cuando sé que la compañía funciona, eso es lo que genera lealtad y va más allá de la satisfacción.

Si tú generas lealtad, te vas a ver como esos salones de belleza que se cambian de domicilio, inclusive lejos, y las clientes que iban antes del cambio, siguen yendo después del cambio porque son leales a la persona que les cortaba o les arreglaba el cabello.

Te hago una pregunta nada más, imagínate si estás casado o casada, piensa en tu pareja, que prefieres, que te sea leal o que esté satisfecha. Porque si está satisfecha, le va a pasar lo mismo que a los clientes, la siguiente vez va a necesitar más y más y más.

Y, por supuesto, si deseas lealtad, da lealtad. Un ejemplo. Sabemos que nuestro cerebro no distingue entre una experiencia real y una experiencia imaginada o vivida internamente. ¿Qué significa esto? Que conque hayas mirado e imaginado algo con una persona distinta a tu pareja... Sí, es lo que estás pensando, ¡ya le fuiste desleal!

No sé ni por qué te cuento esto, ya que probablemente jamás dejes que tu pareja lea este libro y yo me esté, como se dice coloquialmente, dando un tiro en el pie. Pero, qué quieres, tengo que serte leal y contarte las cosas como las sé, ni más ni menos, a pesar de las consecuencias desagradables que esto pueda tener para mi bolsillo.

Concéntrate en lealtad y la satisfacción se dará en automático. De hecho, sabemos que nuestros clientes nos van a ser leales cuando hemos sido capaces de dejar una huella en su memoria, cuando conseguimos aplicar el secreto 24.

Francisco Cáceres Senn

SECRETO Nº24: Cambia todo de ordinario a memorable.

Acuérdate cuantas cosas hacemos todos los días que al final del día ni nos acordamos que las hicimos. De repente estás tomando una serie de pastillas para un tratamiento médico y diez minutos o dos inclusive, después de haberte tomado la pastilla no recuerdas si te la tomaste o no. Nuestra memoria parece traicionarnos con más frecuencia de la deseada.

Pero hoy en día sabemos más de nuestro cerebro, de lo que hemos sabido en los últimos 2000 años, y sabemos, por lo tanto, cómo funciona la memoria.

Nosotros recordamos a través de dos mecanismos: 1) La repetición constante, y/o 2) La asociación del suceso o evento con un estado emocional intenso. El primer mecanismo es bastante obvio ya que nos lo aplican mañana, tarde y noche cada vez que vemos la televisión u oímos la radio. Lo conocen de sobra todos y cada uno de los publicistas que pagan ingentes cantidades de dinero para colocarse en un lugar privilegiado en nuestra mente.

El segundo también lo experimentamos todos los días, pero no somos tan conscientes del mismo. El asunto es que recordamos mejor cuando al momento de que algo nos sucede, estamos o nos encontramos en un estado emocional muy intenso. Cuanto más intenso más rápido se nos queda grabado.

Las fobias funcionan así y esta es la explicación por la que, al vivir un acontecimiento traumático en nuestra vida, no seamos capaces de quitárnoslo de la cabeza ni quitándonos la cabeza.

Es la mancha de vino en el mantel que nos recuerda que el año pasado nos pasamos de copas y permite que nuestra mujer lo recuerde por el resto de su vida, y se refuerza cada vez que ve el mantel manchado. Y es que "las manchas de vino no se quitan, querido".

Ya en serio, si queremos que los clientes, nuestros o nuestras novias y novios, nuestros hijos (¡cómo olvidan tan fácilmente las instrucciones que les damos!), etc., recuerden los momentos que pasan con nosotros solo necesitamos inducir emociones intensas y positivas. A esto llamo yo crear una experiencia memorable.

Para ello, para crear experiencias memorables, lo primero que necesitas hacer es colocarte en un estado emocional "pico", intenso, positivo. ¿Cómo?

De dos formas. O bien te pones a pensar intensamente, con lujo de detalles en los recuerdos, en algún momento del pasado en que te sentiste como te deseas sentir ahora, o te colocas fisiológicamente en una postura que induzca el estado emocional objetivo en ti en este momento.

Vamos a hacerlo ahora. Decide un estado emocional en el que te quieras poner ahora (sin medios externos, por favor). ¿Ya? Te ayudo un poco, digamos que alegría. ¿Cómo es la postura de una persona que está alegre? ¿Cómo respira? ¿Cómo coloca su cuerpo, sus brazos, sus piernas?

Y ahora, utiliza tú todos esos recursos fisiológicos y ponte en esa exacta postura, respiración, gestos, etc. Vamos, deja de leer en este momento y hazlo. Mantén la postura y respiración al menos un par de minutos.

Sí, ya sé, ahora no tienes ganas de hacerlo y lo haces luego. Ya, pero no. Tú sabes muy bien que, o lo haces ahora o no hay mañana. Te espero, hazlo, no me voy a ir, no te preocupes.

¿Sigues sin hacerlo? ¿De verdad crees que me voy a ir sin que lo hagas? No me conoces y se nota.

¿Has comprado un libro y has llegado hasta esta página para no hacer lo que te enseña?

No te lo puedes permitir. Sé como el 1% de las personas que compran un libro, lo leen completamente y hacen, finalmente, lo que el libro les enseña, porque serán los únicos que obtengan resultados diferentes. Verás, leer entretiene, pero hacer es lo único que cambia las cosas. Así que HAZLO AHORA.

¿Ya? Ahora ya sabes que cuando cambias tu cuerpo, cambia tu mente y tu estado emocional. Y con este nuevo dominio ya no te darás jamás el enorme lujo que supone tratar con alguien en un estado emocional inconveniente.

Y no me refiero solo a los clientes, sabes que me refiero a todas las personas del mundo con quienes llegas a tener contacto.

Pues bien, cuando tú tengas un extraordinario e intensamente positivo estado emocional se lo contagiarás al cliente, y todo lo que hagas después será memorable.

La repetición vendrá después, porque cuando se sientan bien contigo, querrán verte una y otra vez, y ya no serás jamás considerado como un vendedor, sino como un "inductor de emociones positivas".

La Venta Social

Y para generar momentos memorables en las vidas de los demás se requiere preparación, el secreto N° 25. Y por cierto, te hago una pregunta, ¿recuerdas algún libro que hayas leído en el pasado y que hayas encontrado que ese libro cambió tu vida para bien y para siempre? ¿Lo recuerdas? Bien, perfecto, anótalo aquí. Te ayudará.

Un libro de mi pasado que me cambió la vida:

_____

_____

Ahora ya puedes seguir leyendo este libro. Gracias.

SECRETO Nº25: Prepárate continuamente.

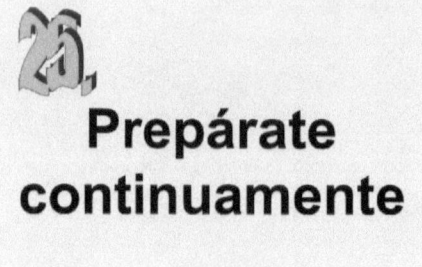

Prepárate continuamente

Manuel era el Director de la planta de fabricación de harina. Le pedí que me recibiera para establecer las reglas del análisis que había contratado y que yo iba a dirigir, a lo que Manuel accedió gustosamente.

Me fijé que, al mismo tiempo que contestaba mis preguntas acerca de la empresa que dirigía, tomaba una hoja de papel para escribir o dibujar sus respuestas y que yo pudiera verlas.

Una vez que terminó la entrevista, nos quedamos hablando un rato más, dado que este señor era una persona interesantísima y realmente tuvimos lo que se conoce como "química entre personas". Lo curioso es que, en estos últimos minutos, tomó la hoja de papel que había usado anteriormente, y la fue doblando minuciosamente por la mitad hasta quedar un pequeño e "indoblable" pedazo que fue tirado elegantemente a la basura.

Después de entrevistar a Manuel, hice lo mismo, una entrevista, con el resto de los directores, quienes, uno por uno, realizaron el sorprendente rito de la doblada del papel, en exactamente la misma forma. Me di cuenta, a través de este pequeño y rutinario acto compartido inconscientemente por todos ellos, y muchos otros más, desde luego, que Manuel había logrado un liderazgo extraordinario en esa compañía.

Lo curioso es que Manuel había empezado en esa empresa 20 años atrás como operador de molino, ya que, desafortunadamente (o afortunadamente en ocasiones) no tenía estudios académicos de ningún tipo. En ese momento no podía aspirar a más que a ser un mecánico y de bajo nivel. Pero lo que a Manuel le faltaba en preparación académica le sobraba en **educación**.

Ya nadie discute la necesidad de preparación académica, o entrenamiento, en el mundo actual. Las engañosas estadísticas sugieren que las personas con más títulos académicos obtienen trabajos con más facilidad y mejor pagados, aunque en realidad lo que puede muy bien estar pasando es que los que contratan, sólo contratan basado en los títulos más que en las aptitudes o disposición para realizar un trabajo, con lo que personas sin títulos, pero mucho más aptas que personas con títulos, no son ni siquiera considerados como una opción. Con lo que la estadística se perpetúa a sí misma y el mito de la preparación también.

Pero la "educación", a diferencia del "entrenamiento", es otra cosa. Mucho más sutil y subjetiva en comparación con el entrenamiento, la educación, según los expertos en desarrollo humano, resulta mucho más importante a la hora de lograr la excelencia en el trabajo y el aprendizaje colaborativo que todos los títulos del mundo. Vamos, que da más resultados.

"Si trabajas fuertemente en tu trabajo, conseguirás una vida cómoda; pero si trabajas en tu educación, conseguirás una fortuna", Jim Rohn

Si no conoces la diferencia entre educación y entrenamiento, piensa si a tus hijos, si los tienes, sería mejor que les enseñasen en el colegio educación sexual o entrenamiento sexual.

¿Cómo se desarrolla la educación? Verás, el entrenamiento tiene que ver con el cómo se hacen las cosas. La educación con el por qué, con la motivación, con el sentido de la vida. Se puede desarrollar la educación a través de la Inteligencia Emocional. También la práctica diaria de la motivación, favorece el aumento de la "educación", porque permite encontrar sentido a las cosas, a la existencia.

Para trabajar en educación, y complementar tu entrenamiento, cualquiera que este sea, debes de trabajar en los siguientes aspectos:

- Tus creencias esenciales acerca de la vida, las relaciones, el mundo, los amigos, el dinero, etc.

- Tus valores, que deben de ser acordes con los objetivos que persigues. Es decir, si tienes objetivos económicos, el valor "austeridad" puede ser más importante que el valor "amor", que, sin dejar de ser importante para cualquier persona, en aras de conseguir un objetivo económico, no lo es.

- Ponerte objetivos valiosos y retadores, ambiciosos, dignos de tu auténtica capacidad personal.

- Desarrolla tu empatía. Esto es esencial en tratar con los demás en cualquier circunstancia. Pregúntate siempre "¿Cómo se estará sintiendo esta persona con lo que le estoy haciendo vivir? ¿Cómo me sentiría yo si estuviera en su lugar?".

- Controla tus emociones y detén siempre el primer impulso perjudicial, ese que te hace hacer cosas que, minutos después, desearías no haber hecho.

- Convierte el miedo en poder. Tener miedo no es extraño, es humano. Desconfía de los que no lo sienten, ya sabes que se habla de que los extraterrestres están entre nosotros, viviendo desde hace años. Los educados se mueven a pesar del miedo. Lo sienten, pero se mueven de cualquier forma.

Eso es educación. Y si metes este ingrediente junto con el entrenamiento, empezarán a pasar cosas mágicas en tu vida, estarás de lleno, y sin haberlo leído, en el secreto Nº 26.

La Venta Social

SECRETO Nº26: Dale entrada a la magia en tu vida.

Permite que la magia entre en tu vida

Yo sé que quieres pensar de ti mismo, y al mismo tiempo deseas que los demás también lo piensen, que eres una persona lógica y racional.

Nada más lejos de la realidad.

Creemos que tomamos decisiones lógicas y, bueno, yo también lo creía así que no te culpo por pensar de forma tan inocente.

Te voy a decir la verdad.

No eres tan listo.

No, no es que yo opine esto en concreto acerca de ti, es simplemente el título de un libro que recientemente ha caído en mis manos. Aunque tengo que aceptar que después de leer unos cuantos capítulos, tengo que estar de acuerdo plenamente en la frase.

No somos tan listos, al menos no cómo nos gusta sentir que somos.

Y no hace falta ninguna prueba de inteligencia, con darnos cuenta y evaluar la gran mayoría de nuestras decisiones es más que suficiente.

No voy a argumentar en este secreto el por qué la afirmación anterior es cierta en su sentido más literal, porque para encontrar buenos argumentos lo mejor es leerse el libro que estoy leyendo[2] y algún otro que promulga lo mismo.

Lo que se desprende de muchos estudios de conducta realizados recientemente es que nuestro intelecto real, el que se demuestra en un test de inteligencia, es superior en mucho al intelecto de nuestras decisiones y actos.

Es decir, aunque nos gusta pensar y creer que tomamos decisiones lógicas y racionales la mayoría del tiempo, la verdad es exactamente lo contrario. La mayoría de nuestras decisiones son irracionales y demuestran un bajo coeficiente intelectual.

Tomemos como ejemplo el test de Peter Cathcart Wason, un doctor en psicología británico que en 1966 diseñó un test de decisiones lógicas que, analizado, resulta excesivamente simple para cualquier persona

---

[2] We are not so Smart, David McRaney

de intelecto promedio. Sin embargo, cada vez que se aplica en condiciones experimentales se obtiene el mismo resultado: tan solo un 10% de los participantes son capaces de contestarlo bien a la primera.

Créeme; el test es realmente simple. Existe mucha información al respecto que puedes consultar tanto en Bing o Google, como en diversos artículos que se han escrito sobre el tema. Si no me crees, busca la información y convéncete tú mismo.

Pero existen muchas otras muestras de irracionalidad contemporánea en los humanos. Compramos una y otra vez lo que no necesitamos, engañamos y mentimos hasta cuando no es necesario (si es que en alguna ocasión pudiera llegar a serlo), compramos algo para después descubrir que no nos sirve de nada, votamos por partidos políticos que nos ofrecen propuestas incumplibles, pueriles, irrelevantes, insustanciales y sin sustento lógico alguno, etc.

¿Tenemos remedio? ¿Esperas que te diga que sí, que por supuesto? Pues no lo sé, qué quieres que te diga. Prefiero pensar que sí, pero no te aseguro nada.

Según mi maestro espiritual, Eckhart Tolle, estamos ante un despertar de la humanidad, al menos espiritual. Y puede que tenga razón.

¿Cómo huir de un CI (Coeficiente de Idiotez) alto? te tengo cuatro recomendaciones, que no garantías:

1. **Responsabilidad personal**. Como decía Robert Schuller, un pastor protestante norteamericano del siglo XX especializado en desarrollo personal, "Si va a ser, depende de mí" (If it´s going to be, it´s up to me). Jamás dejes ningún resultado de tu vida en manos de algo externo. Vas directo a la decepción.

2. **Utiliza un Coach**. Sí, ya sé lo que vas a decir. Que yo ejerzo de Coach y que no es válida mi recomendación. Pues no será válida, pero es lógica. Un Coach puede ayudarte a distinguir un crecimiento inesperado del CI y evitar que tomemos una decisión espantosa.

3. **Sé creativo**. Recuerda recordar olvidar que no eres creativo, porque lo eres desde que naciste. Una solución nueva está esperándote probablemente delante de tus narices y, salvo que las tengas tan grandes como las mías, abre los ojos y la verás de inmediato.

4. **Sé consciente de que la mayoría de tus decisiones no son racionales**. Acéptalo sin culpa y sigue adelante, pero ahora con mucha mayor autoconciencia. La autoconciencia es el inicio del cambio, la creatividad es la continuación.

Como consuelo, te puedo decir que la humanidad, al menos en test y según los expertos, ha incrementado su Coeficiente Intelectual en cerca de

La Venta Social

20 puntos porcentuales desde inicio del siglo XX en que empezaron a aplicarse estas mediciones más sistemáticamente. Ahora solo falta que nuestras decisiones nos alcancen.

De momento lo más urgente si quieres cambiar tu vida es abandonar la lógica. Esta te dirá una y mil veces que no vas a poder. Si lo piensas lógicamente, las probabilidades de que cualquier emprendedor pequeño que inicie un negocio consiga ganarle terreno o clientes a otro más grande son ínfimas.

La lógica dice que estamos indefensos ante cualquier amenaza financiera, ya sea que la llamemos crisis de los derivados o del petróleo. Basado en la lógica, NUNCA VAS A SALIR DE DONDE ESTÁS NI PODRÁS JAMÁS CAMBIAR TU CONDICIÓN.

Así que, que se vaya a ya sabes donde la lógica. Abre tu corazón a la magia, al milagro. Un hermoso libro que alguien, que me apreciaba sin yo saberlo, me regaló un día decía "Los milagros son lo normal, lo anormal es la ausencia de los mismos"[3]. Y yo he vivido "milagros" en muchas ocasiones.

Cuando te abras a la magia, y no hay mejor forma de enseñar cómo se hace eso que esta, serás también capaz de crear magia para tus clientes y para las personas que te importan. Crea magia para los demás.

---
[3] Un curso en Milagros

Haz que las cosas salgan de los sombreros como si estuvieran apareciendo, esto va a permitir que el cliente te ponga en su memoria, que crea que conocerte es un evento memorable y no un evento ordinario.

Piensa en cómo hacer que tu negocio realmente convierta las cosas que parecen reales y sencillas en mágicas. Con esto vas a entretener a tu cliente, le vas a dar una sorpresa y te vas a seguir diferenciando de los demás y no vas a caer en las tan vulgares rebajas de precio.

Costa Rica, 1997. Congreso Internacional de la ACOCRE, Asociación Costarricense de la Creatividad. Lo recuerdo bien porque fui invitado a impartir un taller de Ventas con PNL. Después de un viaje largo, nada más llegar al hotel fui con Vero, la organizadora, a que me diera información acerca de mi participación, sala, horario, etc.

Vero me dio la información que buscaba muy contenta de saber que estaba presente y que no me había perdido por el camino. No creas, que se pierda un conferencista antes del evento en este tipo de viajes no es algo tan extraño como parece.

Pero todo dejó de ser tan maravilloso cuando le dije "Vero, ¿tendrás los acetatos que voy a usar en mi presentación?" En aquella época no usábamos power point ni ordenadores para hacer las presentaciones, si no unas diapositivas transparentes y un proyector de acetatos.

Después de un "Claro, los busco ahora mismo" infructuoso llegamos a la conclusión que, debido a un error no se sabe de quién, no había acetatos que presentar, estaban perdidos.

Entré, debo reconocerlo, en pánico. No estábamos en San José, la capital. Estábamos en un Resort en la montaña, a varias horas de San José y sin posibilidades reales de reproducirlos, imprimirlos, copiar la impresión encima de los acetatos y tenerlos listos para esa misma tarde.

Como no había manera de tener la presentación me resigne a realizarla sin más ayuda que la del Espíritu Santo y mi capacidad de improvisación.

Pero un milagro estaba a punto de suceder. Esa misma tarde, unos minutos antes de la presentación…

Francisco Cáceres Senn

SECRETO Nº27: Aprende comunicación asertiva.

Se un experto comunicador. Aprende a hablar en público.

Guanajuato, México, junio de 1996. Congreso nacional de la AMECREA, Asociación Mexicana de la Creatividad. Me pidieron que impartiera una conferencia acerca de cómo vender con PNL[4]. Al finalizar el evento, decidimos los instructores irnos a cenar y a tomar unas copas.

Aunque ya había compartido tiempo con mis compañeros, ese momento de la celebración última me permitió conocerles mejor y establecer una amistad entrañable con muchos de ellos.

Conocí a Rodolfo, un sensacional expositor y experto en estrategia; a Marta, una experta en generar momentos creativos; a Lucy, fabulosa en inducir emociones intensas en la audiencia; a Ricardo, un amigo colombiano con el que he visitado media Latinoamérica, experto en servicio al cliente y a Marcia, una Psicóloga brasileña que lograba que el

---

[4] Creo que lo he dicho antes, pero por si acaso, PNL son las siglas de Programación Neurolingüística

público se comportara como si estuviera en un circo y ellos fueran los integrantes del circo.

El caso es que, con la alegría del momento, al despedirnos, olvidé por error mi carpeta con todos los materiales y acetatos, recuerda que no existía Power Point, de mi presentación.

Ahora avancemos un año y vayamos directamente a unos minutos antes de mi presentación en Costa Rica. Estaba en mi habitación, dedicado en cuerpo y alma a ver si lograba recrear la presentación en mi ordenador portátil, como apoyo a lo que iba a presentar. Una llamada inesperada entró en el teléfono, una llamada que yo no deseaba en ese momento porque estaba realmente presionado en reproducir el material.

"Sí, diga". Una voz femenina contestó del otro lado, "¿Francisco?". "Sí, soy yo", contesté, reconociendo un marcado acento brasileño. "Soy Marcia, ¿me recuerda?". Los brasileños hablan mucho de usted, por lo que confirmé que era Marcia, pensé, "en un mal momento porque necesito terminar", pero no quise ser descortés. "Claro que te recuerdo Marcia, que gusto saber de ti. ¿Acabas de llegar?". "Sí, no deshago ni las maletas, pero quise que supiera que tengo conmigo el maletín que dejó en el restaurante de Guanajuato. Si quiere, cuando terminemos el evento de hoy, nos vemos y se lo entrego". "¿El maletín con los acetatos de la presentación?". "Sí, ese mismo". "¿A la noche? No, lo necesito ahora".

Si esto no es un milagro, entonces no sé cómo llamarlo, pero ese día yo conté con mi presentación.

Y de todos modos hubiera salido airoso, porque para ese entonces ya había aprendido a comunicarme asertivamente.

Aunque estás leyendo mis palabras en un formato de libro, no creas que me siento a escribir y nada más. Para escribirlo con altas dosis de comunicación asertiva, durante el escrito me levanto y hago como si estuviera hablando contigo. De esta forma, logro que un canal de salida de la comunicación, el de la fisiología, el de los no verbales corporales, esté presente, aunque no me estés viendo. Está inmerso en mis palabras.

Verás, más de la mitad del mensaje que quiero darte, se manda con el cuerpo y con los no verbales, es decir, el 55% del mensaje, no es lo que oyes ni como lo oyes sino es lo que ves, por lo tanto, en este libro y estas páginas que solamente estás leyendo, faltaría esa parte del mensaje. Es lo mismo que en una llamada telefónica en a que solo está presente la voz y las palabras que uso, los otros dos canales.

Ahora, las palabras son solamente el 7% del mensaje y la voz, el tono de voz, la velocidad de la voz, la entonación, todo esto es el 38% del mensaje.

Ya que no me estás viendo, déjame decirte que mi tono de voz, mis cualidades de la voz, mi velocidad, etc., son mucho más importantes que las palabras que estoy utilizando para transmitirte este mensaje.

¿Qué es congruencia? ¿Cuándo eres una persona o un comunicador congruente? Cuando tanto las palabras, como la voz, como el cuerpo (la fisiología en términos más técnicos) mandan el mismo mensaje. Imagínate que yo te dijese lo siguiente, con voz desalentada: "Este programa de entrenamiento me entusiasma, yo me pongo muy contento cada vez que tengo que darlo, doy muchas conferencias al año y todas esas conferencias me hacen muy feliz".

¡Vamos! ¿Estoy siendo congruente? No, porque mi tono de voz no está siendo acompañante de las palabras que estoy utilizando. Lo que te estoy diciendo puede ser muy congruente, porque por muy lógico que sea lo que te digo, si te lo estoy diciendo con ese tono de voz, no me lo vas a creer. Imagínate que tu esposa o tu esposo, te dice: "¿Te gusta la ropa que llevo puesta?" Y tú le contestas así: "Uh, pues… sí."

¿Qué le dijiste? Le dijiste que sí, no le dijiste que no. Le dijiste que sí y esas fueron tus palabras, pero tu tono de voz y la probable fisiología que hubieras usado en ese momento, le hubieran mandado un mensaje de no. Ese es el mensaje que estamos mandando, si tenemos que hablar bien de nuestro producto, de nuestro servicio, de nuestra idea, tenemos que hablar con congruencia.

Otro aspecto técnico importantísimo que tienen que ver con cómo las personas seleccionamos la información que se nos da y decidimos con qué sí nos quedamos y qué se queda fuera de nuestra percepción.

¿Sabías que los seres humanos no perciben, ni se enteran, vamos, el 99% de toda la información que reciben? Es importante que los sepas porque tú, como yo, querrás formar parte de ese exclusivo 1%. Para ello, solo tienes que tomar en cuenta los SISTEMAS DE REPRESENTACIÓN SENSORIAL, o, en palabras más sencillas, cómo los humanos usamos los cinco sentidos para recibir y seleccionar información.

Los Sistemas de Representación Sensorial

Los seres humanos, más allá de la personalidad y el carácter, compartimos el mismo sistema neurológico: los cinco sentidos. Estos 5 Sistemas de Representación Sensorial, en general y por razones prácticas, se agrupan en tres: El Sistema de Representación Sensorial Visual, El Sistema de Representación Sensorial Auditivo y el Sistema de Representación Sensorial Kinestésico, que son los tres sentidos faltantes, olfato, tacto y gusto, agrupados en un solo sistema.

Cada SRS, son también conocidos como Modalidades, o modalidad visual, modalidad auditiva o modalidad Cenestésica, por ejemplo. Ahora bien, cada modalidad está dividida a su vez en Sub Modalidades, que representan, las diferentes características de una modalidad.

Si, por ejemplo, nos enfocamos en la **Modalidad Visual**, diríamos que las Sub Modalidades son:

Brillo.
Luminosidad.
Enfoque.
Color.
Blanco y negro.
Distancia.
Etc.

La Modalidad **Auditiva** estaría compuesta por las Sub Modalidades:

Tono.
Volumen.
Velocidad.

**Distancia.
Etc.**

La idea fundamental de la PNL, es que, si modificas una sola submodalidad, podría cambiar totalmente el significado de la experiencia, convirtiendo algo desagradable en una experiencia simplemente inocua. O algo agradable en una experiencia de éxtasis. Con lo cual, tenemos un mucho mejor manejo de nuestro cerebro.

La PNL trabaja en dos sentidos:

1. Encontrar aquellas Modalidades y Submodalidades, que más alteran el significado de la experiencia de cada individuo.

2. Encontrar mecanismos para que, una vez identificado el cómo nos queremos sentir con relación a un evento dado de nuestra vida, hagamos los cambios en la representación interna y LOS MANTENGAMOS PERMANENTES. A estos mecanismos, se les conoce como las técnicas de aplicación de la PNL.

Si cambias el cómo te representas la realidad, cambiarás el significado de la misma. Si cambias su significado, cambiarás los sentimientos que experimentas con relación a lo que te sucede. Si cambias los sentimientos, cambiarás tus decisiones. Si cambias tus decisiones, cambiarás tu comportamiento. Y si cambias tu comportamiento, cambiarás tus resultados, tus logros y tu destino.

¿Cómo se aplica esto a la comunicación? Muy sencillo. Regresemos al dato de información eliminada. Pues bien, eliminamos información en función de nuestro sentido preferido. ¿Sentido preferido? Sí, sigue leyendo.

Resulta que cada persona parece tener un sistema de Representación Sensorial dominando su experiencia Interna.

¿Qué significa esto? Muy sencillo: que dejamos pasar o captamos más elementos de ese Sistema que de los otros tres. Por ello, nuestra representación de la realidad, al ser expresada, va a tener más de los elementos dominantes que de ningún otro.

Pero, ¡un momento! Si yo tengo, por ejemplo, más elementos, digamos, visuales y elimino más los elementos auditivos y kinestésicos; y otra persona a su vez, percibe por selección más elementos auditivos que de ningún otro, entonces cuando yo le comunique mi experiencia de la realidad con elementos visuales que son los que la otra persona elimina…

¡Claro! Ya lo captaste. No vamos a poder comunicarnos. Usemos un ejemplo más específico en el que señalaré con **negritas** todos los elementos **visuales**, con *cursiva* todos los *auditivos* y subrayados, los <u>kinestésicos</u>. Pensemos en la siguiente situación. Un marido llega a su casa de trabajar (todavía hoy en día es lo más frecuente, pero está cambiando) y saluda a su esposa:

- Hola mi amor. (<u>Su tono de voz es monótono y su velocidad es lenta al hablar</u>, mientras <u>rodea con sus brazos</u> a su esposa).
- ¡Ay! Hola, no te había **visto** entrar. Pero no te me acerques, que **no me veo bien**. He estado toda la mañana en la cocina y **el único paisaje que he visto** es el de la ventana y el refri. (Con una **voz acelerada, un tono de voz elevado y sin voltear a ver al marido**).
- Es que, cariño, <u>se siente un muy bien de llegar al calor del hogar.</u>
- Tú que estás **afuera** todo el día, pero yo **ya no veo** la hora en que se acaba mi trabajo de la casa y los niños. Anda, **ve a verlos** y a *decirles* que hagan la tarea si quieren tener un **futuro brillante** como el de su papá.
- Enseguida, mi amor, pero primero <u>quiero relajarme y ponerme cómodo.</u>

O este otro ejemplo. Sigamos con el ejemplo del marido que llega a la casa de trabajar.

- Pero si sabes que tenemos una cena, ¿por qué no te **veo** todavía **arreglada**? (**Tono de voz elevado y rápido mientras**

agita las manos y señala con una de ellas la vestimenta de su esposa)

- Primero *se dice algo* bonito y luego me regañas. ¿Eso es todo lo que se te ocurre *decir* después de no haber *hablado* conmigo en todo el día? (*Tono de voz más melodioso, pausado y mostrando la sensibilidad al hacer énfasis en palabras como "todo el día"*)

- No te estoy regañando, mujer. Lo que pasa es que siempre llegamos tarde y esta vez quiero que **nos vean llegar a tiempo.**

- Eres muy exigente conmigo. *Ya no me dices*, como antes, que me quieres. Un matrimonio *armonioso* también tiene esos momentos en los que nos *decimos* cosas románticas.

- Ya sabes que yo soy así. Aunque no te lo diga, te lo **muestro de mil maneras**. **Ve** la casa en la que vivimos, las joyas, la ropa, el coche. Además, **¡claro que sí te quiero! Caramba. (Con un tono de voz de regaño, de nuevo, y elevado, que no es exactamente el que la esposa quería escuchar**)

Desde luego, estas situaciones son totalmente fantasiosas y es dudoso de que se reproduzcan en la realidad, pero solo las usé como un mecanismo didáctico para mostrar el cómo los tres sistemas de representación sensorial se ven reflejados en nuestro lenguaje, nuestra voz y nuestras posturas corporales.

La Venta Social

Así que, primero averigua qué SRS utiliza primordialmente la gente con la que tratas y úsalo para comunicarte con ellos. De otro modo todo lo que les envíes de información terminará en el mismo bote de basura que tus folletos y tarjetas.

Este tipo de conocimientos te dará una ventaja extraordinaria sobre cualquier otro competidor, porque a ti te harán caso. Con el tiempo y la práctica te resultará sencillo ver rápidamente el SRS de las personas con quienes te comunicas y sentirás que entre tú y los demás, se escucharán las notas armoniosas de la sinfonía más maravillosa que pueden tocar los seres humanos, la sinfonía del amor.

Y escúchame bien, nada de esto funciona, ABSOLUTAMENTE NADA, y estarás dándote de bruces contra una pared irrompible a menos que trabajes el siguiente secreto, el Nº 28.

SECRETO N. 28 Crea los caminos para que las riquezas vengan.

Crea los caminos hacia tus metas

¿Cuáles son esos caminos? Se llaman creencias. No te sirve de nada todo este esfuerzo si finalmente crees que tú no eres un buen vendedor o crees que hay crisis o crees que los clientes no quieren comprar este producto.

Trabajando con una empresa de cervecería en el sureste de México, resultó que estaban lanzando una nueva presentación de una cerveza con buena presencia de mercado en formatos diferentes a este nuevo que querían introducir.

El formato nuevo era en bote o lata y una de las creencias – y, por cierto, no estaban consiguiendo grandes resultados a pesar de la enorme campaña publicitaria y de la cantidad de dinero que estaban gastando- que tenían los vendedores repartidores de camión era que la gente no aceptaba el nuevo producto porque estaban hechos, acostumbrados, a un producto en bote o en lata que ya existía desde hacía años en el mercado y que era de la competencia.

 ¿Sabes cuándo esta empresa iba a poder vender, sin eliminar antes esta creencia? ¡Nunca!. Porque no importa lo que hicieran, la creencia de los vendedores, repartidores, era superior a cualquier estrategia y su creencia era: Nuestro producto, no se va a vender porque el otro ya tiene muchos años y está más posicionado. ¡Ajá! Para lograr impulsar las ventas de este producto, tuvimos que modificar esa creencia primero.

 Muchos vendedores a pesar de estudios, técnicas, cursos, diplomados y también a pesar de leer este libro, no tienen el resultado que esperan porque no han desarrollado las creencias adecuadas para que ese resultado se dé. Y déjame decirte algo mucho más importante, no necesitas leer este libro o ningún otro tanto como necesitas imaginar y tener fe.

 De hecho, la razón número uno por la que personas con tremendas habilidades personales no consiguen tener éxito es que traen internamente creencias negativas con relación al dinero. Creemos que no tenemos problemas mentales con el dinero, pero cualquier análisis profundo de nuestras creencias al respecto revelaría inmediatamente lo que mi maestro de finanzas, Harv Ecker, me decía una y otra vez.

"Si no tienes suficiente dinero en tu vida, es porque tenerlo te duele más que no tenerlo".

Y como la consecuencia inmediata de vender más es ganar más, si nos duele tener dinero, vamos a boicotear inmisericordemente todas nuestras oportunidades de que nuestras ventas crezcan más allá de nuestro nivel interno de confort.

Las creencias son mucho más importantes que cualquier curso de entrenamiento, incluido este; trabaja en tus creencias, crea esos caminos para que vengan riquezas, imagina y ten fe.

Marcelo era un cliente singular. Heredero de una de las más grandes fortunas de México, seguía al frente de las muchas industrias que también había heredado. Recuerdo la primera vez que conseguí venderle un proyecto de consultoría, cercano a los dos millones de dólares.

Estábamos en un lujoso restaurante mi jefe, Marcelo, su Director de finanzas y yo. Marcelo se acerca a su amigo, el Director, y le dice "¿Tú cómo lo ves? ¿Lo hacemos? ¿Nos gastamos el dinero en esos señores?". El Director de finanzas y amigo le contestó "No sé Marcelo, es mucho dinero para consultoría, pero los resultados que prometen también son muchos".

Marcelo me miró sonriendo y me propuso "A ver Sr. Cáceres, qué le parece que nos juguemos el proyecto con una moneda. Si sale cara lo hacemos, si sale cruz, no lo hacemos. ¿Acepta?".

Sin dudarlo un instante le dije que sí.

Pero mi jefe, un belga, no entendía ni palabra de español y me solicitaba con insistencia que le tradujera todo lo que decíamos. Como yo lo conocía y sabía que lo que acababa de aceptar no le iba a parecer adecuado en lo absoluto (me lo imaginaba diciéndome que algo tan serio no se juega con monedas, bla, bla, bla) preferí decirle lo siguiente. "Nada Jean, el cliente quiere que nos juguemos quién paga la comida con una moneda. Si sale cara paga él, si sale cruz pagas tú. Le dije que sí, que por supuesto". Jan me contestó, "Le hubieras dicho que nosotros pagamos gustosos, que no hace falta jugarlo al azar". "Que no hombre, que es un juego. Si este señor puede comprar el restaurante si quiere. No lo vas a impresionar con pagar una comida", le contesté.

Finalmente se quedó callado con cara de disgusto por no seguir yo sus indicaciones y procedimos a la tirada de la moneda, la cual, por cierto, tuve yo que proporcionar porque Marcelo no llevaba ninguna en los bolsillos.

Marcelo, ceremonioso, lanzó la moneda al aire y, antes de que esta cayese al suelo, la tomó con una mano, la apoyó en la palma de la otra, la vio, cerró la mano y me dijo, "Tiene usted suerte, salió cara. ¿Cuándo empezamos?". Y, sin enseñar la moneda, se la guardó en el bolsillo sonriendo y satisfecho.

"Entonces, ¿paga él?", preguntó Jean. "Sí", le dije, "Y que dice que también quiere hacer el proyecto".

No fue hasta años después que me atreví a contarle a Jean la historia de la decisión del proyecto, cuando ya no me podía despedir.

Yo creía que Marcelo quería hacer el proyecto. La moneda, creo, resultaba irrelevante, un juego nada más. Tener las creencias correctas es muy poderoso y garantiza el cumplimiento de tus metas como ninguna otra cosa.

Robert Dilts, en un maravilloso libro llamado Creencias cuenta la historia de un grupo de estudio que emborrachó con bebidas refrescantes, pero que el grupo consumió convencidos de que eran bebidas alcohólicas. Mientras que otro grupo que bebió alcohol convencidos de que bebían refrescos no desarrollaba ningún síntoma de alcoholemia.

Antes de embarcarte en la consecución de ninguna meta, asegúrate de que:

1. Crees que el objetivo que persigues es posible. Si lo consideras imposible, no lo lograrás. Te lo aseguro.
2. Crees que es posible para ti.
3. Crees que con lo que tienes, con tus recursos, lo puedes conseguir. Que ya traes todo lo que se necesita para conseguirlo.

En mis seminarios le hago la siguiente pregunta a los asistentes, "¿Quiénes creen que se puede pasar de pobre a millonario en el transcurso de una vida?". Como la mayoría ha visto la hermosa y verdadera película de Will Smith, En Busca de la Felicidad, normalmente me contestan que todos creen en esa posibilidad.

Sin embargo, las manos no se levantan igual cuando les pregunto "Y, ¿Quiénes creen que eso les pueda pasar a sí mismos?". ¿Ves? Ya no pasamos por el segundo filtro, el creer que es posible para ti.

Muchos otros no pasan del tercer filtro, porque piensan que si tuvieran esto o lo otro (un título universitario, por ejemplo) entonces sí podrían tener más riquezas o mejores oportunidades.

"Ya sea que creas que puedes o ya sea que creas que no, tienes razón". Henry Ford

Cree que todo es posible, que tú lo puedes hacer posible y que con lo que tienes y sabes es más que suficiente.

¿Has escuchado la frase "Tus deseos son órdenes"? Seguro que sí, pero me atrevo a asegurar que no sabes lo que significa.

A lo mejor crees en una especie de genio que cumplirá tus deseos cuando reciba tu solicitud, la que para él es una orden que tiene que cumplir. Pues no es eso, no.

Tus deseos son órdenes significa que si lo deseas el Universo te está ordenando que lo consigas. No eres tú el que da la orden, es el Universo quien te ordena que hagas algo, que te nuevas y lo consigas.

Eso y hacer las cosas en orden, es todo lo que necesitas, lo que nos lleva al secreto 29.

Francisco Cáceres Senn

SECRETO N°29 No vendas la piel del oso antes de cazarlo

No vendas la piel del oso antes de cazarlo

Los griegos utilizaban una mecánica para resolver sus conflictos que es digna de aplicación en la actualidad.

Era una simple mecánica de tres pasos[5]: Ethos, Pathos y Logos. En la primera etapa, Ethos, buscaban que cada uno de los que iban a dialogar demostrasen que tenían lo necesario para estar dialogando. Era una etapa de posicionamiento, en palabras más modernas.

De **Ethos** proviene la palabra Ética, por ejemplo, que se define como **Disciplina filosófica que estudia el bien y el mal y sus relaciones con la moral y el comportamiento humano**. En esencia, la primera etapa respondía la pregunta propia de cualquier inicio de diálogo "¿Quién eres?".

La segunda etapa se llamaba **Pathos** y pretendía que, antes de llegar a ninguna decisión, cada uno de

---

[5] Retórica de persuasión basada en la filosofía de Aristóteles.

los dialogantes entendiese perfectamente el punto de vista del otro. De Pathos proviene la palabra Empatía y Pathos significa literalmente **todo lo que se siente o experimenta: estado del alma, tristeza, pasión, padecimiento**. Es decir, qué siento en tu presencia, que me haces sentir, para lo cual debo de **caminar tu camino**.

El tercer paso, **Logos**, significaba que la lógica determinaría la mejor solución al diálogo o negociación que estamos llevando a cabo. Que sea la lógica, y no las emociones, las que diriman el desacuerdo.

Sencillamente hermoso y simple. Es una buena base para empezar. Siempre y cuando no vendas la piel antes de cazar el oso. Es decir, cada paso a su vez y uno detrás del que le sigue.

Philip Crosby, el gran experto en Calidad, con quien tuve el honor de trabajar durante tres años, me enseñó a usar un sencillo proceso de negociación al que yo le he añadido cosas de mi cosecha y de mi experiencia e investigaciones. Se llama el proceso de la Venta Inteligente.

La idea de este proceso es que tengamos la capacidad de reaccionar inteligentemente ante cualquier situación que se nos presente en un proceso de negociación.

El resultado final es un proceso de cuatro pasos que se deben de cumplir una tras otro sin saltárselos, por más ganas que te den, porque así es como funcionan los seres humanos, en etapas. Construimos nuestra siguiente interpretación de hechos sobre la anterior, así que más vale que sigas los pasos con disciplina.

Paso 1, Posicionamiento. No des por sentado que sabe quién eres y qué sentimientos o experiencias proporcionas. Haz que tu cliente te respete desde el principio dejando en claro que te debe de escuchar, que sabes de lo que estás hablando y que tienes en tu mano algo que puede mejorar su vida.

Paso 2, Descubrimiento. Antes de nada, antes de decirle lo que vendes, dedica el tiempo que haga falta a saber qué es lo que el cliente necesita, desea y quiere. Averigua sus valores, cuál es su Sistema de Representación Sensorial (Auditivo, Visual, Kinestésico) dominante, qué realmente necesita y qué es lo que más desea en ese momento, que no es lo mismo. Junta toda la información, demostrando que estás genuinamente interesado en la persona que tienes delante.

Paso 3, Presenta. Crea una solución que responda a las necesidades y a los deseos del cliente. Preséntale en su Sistema de Representación Sensorial, háblale en su idioma neurológico y usa sus valores. Harás que lo que le presentes u ofrezcas le resulte irresistible.

Paso 4, Conclusión. Mi maestro de ventas, Jeffrey Gitomer, me dijo en una ocasión "Si entras a un curso de ventas y escuchas la palabra cierre, toma tus cosas y sal inmediatamente, las ventas no se cierran". Si te encuentras con objeciones es que no has hecho tu trabajo bien. Las objeciones son una muestra de nuestras incapacidades y manejarlas es una habilidad totalmente prescindible e innecesaria si sabes hacer este proceso de venta inteligente.

En esta etapa buscamos que el cliente viva la experiencia de habernos ya comprado, satisfaciendo todas sus necesidades y deseos, es decir, permitimos que experimente el hecho de habernos comprado para darse cuenta de que lo que nosotros le ofrecemos es EXACTAMENTE lo que desea y quiere.

Ahora que ya tienes la piel del oso, ya la puedes vender.

No he querido ser muy administrativo hasta ahora pero ya no me puedo aguantar más y en el siguiente secreto, el 30, te voy a compartir uno de los hallazgos más importantes que llegué a encontrar en mis años de consultor en las áreas comerciales y que, con solo cambiarlo, logramos incrementar las ventas en nuestros clientes de manera exponencial.

SECRETO N°30: Planear las ventas no es suficiente.

Planea tu trabajo, y el dinero, y da seguimiento.

Uno de los grandes errores de las empresas es planear las ventas, pero no planear el trabajo. El trabajo se mide en llamadas, visitas, presupuestos, cotizaciones, kilómetros andados, etc. eso es lo que hay que planear, ese es el trabajo que hay que hacer todos los días.

Si solo planeas el dinero, vas a tener un problema ¿Por qué? Porque muchas ventas tardan mucho tiempo en darse. Por ejemplo: El tiempo, el ciclo de ventas de una empresa en la que yo trabajé que vendía hosting para páginas de internet, era de dos meses. Imagínate ¿Cuáles eran las ventas que el vendedor tenía un mes después de haber empezado? Nada, cero, porque tenía muchos prospectos que estaban todavía dentro del ciclo de ventas.

Entonces planear las ventas no te decía nada, no le podías dar seguimiento para tomar decisiones ya que a lo único que le puedes dar seguimiento es al trabajo planeado.

Ponte, por supuesto, una meta económica y, para saber si te acercas a la misma o no, debes de planear el trabajo a realizar para lograr el objetivo. Luego, alégrate cada vez, que la alegría de cada día te llevará a lograr lo que te propongas, no importa qué tan alto sea.

Benjamin Franklin, para integrar en sí mismo los valores de conducta que consideraba importantes para vivir una vida plena, diseñó un sistema de trabajo en el que cada semana trabajaba un valor. De tal modo que, al año, 52 semanas después, había ya trabajado los 13 valores que formaban parte de su listado de virtudes.

La enciclopedia Franklin-Covey, diseñada para lograr incrementos notorios en la productividad personal y en el uso del tiempo, fue creada en base a la filosofía de Benjamin Franklin. En la década de los 80´s no había ejecutivo que se preciara que no la llevase debajo del brazo y, aunque en usarla usabas más de la hora diaria que te ahorraba su uso, logró un éxito muy significativo durante años.

Y si nada funciona, nos queda el secreto 30 (y medio).

SECRETO 30 (y medio): Aprende a rendirte con elegancia.

"Si no te gusta algo, cámbialo. Si no lo puedes cambiar, muévete. Si no te puedes mover, acéptalo. Cualquier otra cosa es demencia", Eckhart Tolle.

Aprende a rendirte con elegancia

No quiero ser negativo, sino preciso. No importa qué tan bien te prepares ni cuantos secretos apliques.

En ocasiones sentirás y vivirás que nada de lo que hagas será suficiente y recibirás golpes, negaciones, desplantes y desprecios. Tendrás noes que te harán dudar hasta de la hora que indica tu reloj.

En esos momentos lo que verdaderamente importará es lo que hagas, no lo que te haya pasado. Tu reacción y sentimientos serán los que determinen tu destino, no los acontecimientos a los que te enfrentes.

En esos momentos de desilusión y frustración solo te queda rendirte a lo que es y aceptar que todo lo que te ocurre, te ocurre por algo y es en tu beneficio. Relájate y disfruta de la enorme oportunidad que la vida te ha dado por tener la hermosa profesión de vender y servir. Personalmente estoy orgulloso de ti y te agradezco profundamente me hayas acompañado hasta esta página.

Fue un honor.

La Venta Social

La venta más difícil del mundo

En el mundo de las ventas se puede uno encontrar con productos, artículos o servicios realmente difíciles de vender. No es lo mismo vender un refresco que vender un diamante. O vender una enciclopedia impresa, por ejemplo, en estos tiempos modernos, en los que toda la información está digitalizada.

Lo barato se vende mejor y más que lo caro, lo conocido mejor que lo desconocido. Lo tangible es siempre menos complicado de vender que lo intangible, por ejemplo, los servicios o las ideas. Sin embargo, lo intangible conlleva siempre mejores ganancias o beneficios por tener más margen de utilidad.

Como muchas personas, yo vendo. Mi producto es extremadamente... déjame corregir la frase. Me ha resultado extremadamente difícil de vender.

Me lo han comprado unas cuantas veces en mi vida, pocas, pero muy satisfactorias. Lo cierto es que la mayoría de las personas a quienes he intentado venderles mi producto, no terminan por adquirirlo plenamente. No me dicen que no, pero tampoco me dicen que sí. Y cualquier vendedor experto sabe que no recibir el sí es recibir un no, aunque no te lo quieran decir.

Al artículo que yo vendo, dado que es complicado de vender, debiera ser o caro o intangible o inútil, o una combinación de las tres, o las tres cosas juntas. Pero, muy al contrario, es barato (regalado, diría yo), tremendamente útil y muy, pero muy tangible.

Antes de decirte qué es lo que vendo que resulta tan difícil de comercializar, quiero prevenirte de que no esperes en este artículo una revelación del secreto de los secretos para vender cosas difíciles o casi imposibles. No poseo tal secreto, razón por la cual no lo puedo revelar.

Lo que sí solicito es tu ayuda. Si tú, toda vez que sepas cuál es el artículo que yo comercializo, sabes cómo venderlo mejor, te suplico me lo hagas saber.

Todo empezó hace unos cuantos años, como unos 20 más o menos. Había comprado hace tiempo un libro que yacía casi oculto en mi librero. Por esos días, un amigo me invitó a una conferencia y en dicha exposición, el conferenciante mencionó varios libros recomendables entre los cuales se encontraba el libro en cuestión.

Esa noche, al llegar a la casa, no pude evitar sentirme sorprendido por mi aguda intuición que me había hecho comprar un libro años atrás sin saber ni siquiera de qué trataba. Y en esa conferencia había surgido el nombre del libro... Bueno, una notable y hermosa coincidencia.

Ávido de empezar a leerlo inmediatamente lo busqué en el montón de libros que normalmente tenía apilados en mi escritorio marrón. Como un libro despreciado, pero con orgullo propio, se había escondido para no volver a ser rechazado por mí. Pero al mismo tiempo, como un perro fiel que a pesar de ser maltratado responde cariñosamente ante la menor muestra de afecto por su amo, el libro se dejó encontrar.

Recuerdo el momento. Abrí una botella de vino y permití que el aire se llenase del intenso aroma, después del característico sonido del corcho al salir, sin permiso, denotando que el caldo había estado efectivamente aislado del aire. Lo deposité suavemente en la copa, sin demasiada violencia, y tomé el libro con una mano mientras con la otra acercaba la copa a mis labios.

Me senté en el sofá de la sala, un sofá de terciopelo azul, cómodo y acojinado. Bebí un sorbo, como he leído que se debe de beber, y lo pasee entre la lengua, dejándolo reposar un rato. Aunque debo reconocer que todo este ritual me parecía algo innecesario y lo que me apetecía realmente era ya tragarlo de una vez. Leí el título en voz alta: "Despertando al gigante interior", y lo abrí ansioso, pero con delicadeza, como un cirujano abre a su paciente antes de sacarle el corazón.

Me sumergí en sus entrañas. Lo leí y releí varias veces. Hipnotizados, mis ojos no se permitían ni pestañear para no perderse una palabra. De estilo sencillo y literariamente corto, el libro no se distinguía por una elaborada prosa ni por una trama desbordante, pero cuando terminé de leerlo me había convertido en el vendedor del producto más difícil de vender que yo conocía.

Necesitaba un cliente lo antes posible. "¿De dónde saco yo un cliente a estas horas?", pensé. "Pero, espera un momento, si el cliente lo tengo aquí mismo, sentado en mi silla. Si el cliente, mi primer cliente soy yo". Y es así como empecé a vender a los demás lo que yo más necesitaba comprar: mi poder personal.

Ese libro, y muchos otros que leí posteriormente y que forman parte de mi biblioteca personal, me enseñaron que todo lo que una persona necesita para vivir a plenitud se encuentra ya dentro de sí misma, dentro de mí.

Aprendí que, si quería cambiar el mundo, tenía primero que cambiarme a mí mismo. Aprendí que tenía un enorme poder durmiendo, condicionado para la mediocridad, pero creado y diseñado para la grandeza. Gratis, tangible y presente.

Me di cuenta de que confiaba en todo menos en mí mismo. De que no me había comprado. Comprendí que nadie me iba a dar lo que yo deseaba, ni gobierno ni persona. De que cada vez que depositaba la responsabilidad de mi vida en algo externo, inevitablemente terminaba decepcionado, porque no estaba en los demás el poder de cambiar mi vida, sino en mí mismo.

Luego, más adelante, aprendí técnicas para el uso de este poder personal interior, pero estas técnicas resultaban inútiles si no se tenía una firme creencia en la existencia de este poder.

Empecé a compartir con los demás mi descubrimiento, pero encontré que venderle a la gente su poder personal era una tarea titánica, casi imposible. Lo sigo intentando y lo seguiré haciendo hasta el final de mis días, porque una sola persona que lo compre puede cambiar a la humanidad.

Ya lo ves, soy un vendedor fracasado, si me mides con el mismo criterio con que se mide a los comerciales de una empresa moderna. Y en todo este proceso de comercialización que inicié hace ya veinte años, todavía conservo a mi mejor cliente, a uno que finalmente compró, no hace mucho tiempo, ciertamente.

Ese cliente, el más resistente, tozudo y negativo de todos, el que peor me ha tratado, goza de todas mis simpatías y es ciertamente querido por mí. A pesar de que en numerosas ocasiones no se dignaba a abrirme la puerta y recibirme y, cuando lo hacía, me trataba con desprecio, con el tiempo he llegado a apreciarlo, incluso diría que hasta amarlo. Por supuesto, le perdono todas las cosas que me ha hecho y no puedo más que entenderlo, porque ese cliente soy yo.

Te deseo que logres la venta más difícil de tu vida. Cómprate a ti mismo.

La Venta Social

Conclusión

Como vendedor social del siglo XXI que eres, necesitarás un resumen de loq eu espero hayas encontrado en los 30 (y medio) secretos de la venta social. Sin embargo, a veces un solo secreto nos permite entender los otros 30.

¿Cuál es el gran secreto? El gran secreto es **tener un deseo ardiente**, sin un deseo ardiente nada se consigue.

Piensa en lo siguiente: **El valor que perciben en ti, es el que hacen que te compren.** El dinero que tú recibes de la sociedad, tiene que ver con el valor que tú le das a la sociedad: a un valor normal, a un valor pequeño, un valor bajo no le puede llegar una recompensa grande. Piensa en eso, piensa en valor, ¿Cómo crece tu valor? En el desarrollo personal. Si no perciben valor en ti, entonces compraran precio.

Tu habilidad para entregar un producto o servicio **más allá de las expectativas del cliente**, hace que hablen de ti y **te compren de nuevo**.

El secreto de grandes ganancias está en una propuesta que **agrega valor primero**.

¿Qué vendes? ¿Qué vendemos? No vendemos productos, no vendemos ideas, no vendemos servicios, **vendemos un sueño, vendemos emociones y vendemos sentimientos**, lo que vendemos es lo que la gente va a vivir y va a sentir cuando tengan nuestro producto o servicio o idea.

El gran secreto es **una actitud positiva**, con una actitud positiva cualquier montaña puede ser movida por ti. Trabaja en actitud, estudia actitud, estudia las personas que mejor actitud tienen ante la vida. ¿Qué es una actitud positiva? Es predisposición a hacer las cosas, es utilizar tu poder personal para alcanzar los sueños que tienes, que nada, ni nadie te detenga de desarrollar a ese gigante interior, que tú tienes durmiendo en este instante tal vez, pero consigue despertarlo y con esa actitud positiva, deja en el mundo una huella y demuestra que tú pasaste por aquí.

¿Qué es éxito? Quiero compartir contigo una definición de éxito de un extraordinario hombre de principios de siglo que se llama Ralph Waldo Emerson y esta es su decisión de éxito: ¿Qué es éxito? *Es reír mucho y a menudo, es ganar el respeto de la gente inteligente y el afecto de los niños, es ganar el aprecio de los críticos honestos y soportar la traición de los falsos amigos, es apreciar la belleza, encontrar lo mejor en los demás, dejar el mundo un poquito mejor ya sea a través de un hijo sano, un bonito jardín o una condición social redimida, saber que incluso la vida de alguien ha resultado más fácil de llevar gracias a que tú viviste. Eso es tener éxito.*

Recuerda que no estuvimos juntos en este libro o programa de entrenamiento por casualidad, yo tenía algo que decirte y tú tenías algo que escuchar, te deseo lo mejor de lo mejor, que cumplas con tu sueño, que consigas que tu misión sea una misión trascendente. Encuéntrala y vívela, porque yo sé y estoy seguro, que te está aguardando una misión de grandeza.

Muchas gracias por escucharme.

PS. ¿por qué 30 y medio?

Tal vez porque el año tiene 12 meses y en todos los cálculos se considera que un mes tiene en promedio 30 días y medio. Es decir, este es un programa para un mes, que es el tiempo que tardamos en habituarnos a algo.

O tal vez no.

La Venta Social

Biografía de Francisco Cáceres Senn

Francisco es un apasionado de la conducta humana. Desde temprana edad se interesó por cómo los seres humanos interpretan y viven la realidad, sus experiencias, y cómo las pueden cambiar.

Experto en psicología social, con más de 30 años de experiencia como consultor internacional de empresas y con trabajo en más del 40% de las empresas del Fortune 500, ha tenido la oportunidad de entrenar personalmente a muchos directivos y en seminarios y cursos a más de 30,000 ejecutivos y empresarios en el mundo entero.

Habiendo sido en su totalidad formado en Estados Unidos en PNL y en ciencias de la Conducta, su experiencia en este país, así como sus otras experiencias en América Latina y España, le otorgan una visión global del Coaching con aplicaciones locales. Gracias a sus antecedentes personales puede distinguir diferencias sutiles pero importantes entre las culturas europea y americana o latina, lo que hace que sus recomendaciones sean especialmente útiles y prácticas.

La Venta Social

Además de contar con esta diversidad cultural también ha tenido la oportunidad de aplicar sus conocimientos a campos tan diversos y diferentes entre sí como es el mundo empresarial o el mundo de los deportes. Entre las empresas cuyos directivos han contado con Francisco como Coach se encuentran Merryll Lynch, Internacional Farmacéutica, Eclisa, Adobe, Oracle, Compaq-HP, Nestlé, etc.

Es un conferencista destacado (al 25 de noviembre del 2015 ha impartido 173 conferencias) que ha participado en congresos y seminarios en todo el mundo de habla hispana y es Master Practitioner en PNL, Hipnosis conversacional, Principios de Influencia y diversas disciplinas más relacionadas con el desarrollo humano, el éxito personal y la transformación del mundo en qué vivimos en uno inmensamente mejor.

Su Misión, crear programas de formación y entrenamiento orientados al pleno desarrollo del ser humano.

En la actualidad trabaja para sus clientes en varios países del mundo y es miembro fundador y Presidente de la Asociación Internacional de Neuromanagement.

La Venta Social

www.ingramcontent.com/pod-product-compliance
Lightning Source LLC
Chambersburg PA
CBHW030623220526
45463CB00004B/1388